Questões Fundamentais
de Direito Penal da Empresa

Questões Fundamentais de Direito Penal da Empresa

2019

Susana Aires de Sousa
Professora Auxiliar da Faculdade de Direito da Universidade de Coimbra

QUESTÕES FUNDAMENTAIS DE DIREITO PENAL DA EMPRESA
AUTOR
Susana Aires de Sousa
EDITOR
EDIÇÕES ALMEDINA, S.A.
Rua Fernandes Tomás, nᵒˢ 76, 78 e 80
3000-167 Coimbra
Tel.: 239 851 904 · Fax: 239 851 901
www.almedina.net · editora@almedina.net
DESIGN DE CAPA
FBA.
PRÉ-IMPRESSÃO
EDIÇÕES ALMEDINA, S.A.
IMPRESSÃO E ACABAMENTO

, 2019
DEPÓSITO LEGAL
....

Os dados e as opiniões inseridos na presente publicação são da exclusiva responsabilidade do(s) seu(s) autor(es).
Toda a reprodução desta obra, por fotocópia ou outro qualquer processo, sem prévia autorização escrita do Editor, é ilícita e passível de procedimento judicial contra o infrator.

 | GRUPOALMEDINA

Biblioteca Nacional de Portugal – Catalogação na Publicação

SOUSA. Susana Maria Aires de

Questões fundamentais de direito penal da empresa. – (Monografias)
ISBN 978-972-40-7767-3

CDU 343

À Maria Beatriz,
que em todos os momentos completa e acrescenta as nossas vidas.

Ao Rui e ao António.

ÍNDICE

Abreviaturas 11

Nota introdutória 13

CAPÍTULO I
O DIREITO PENAL DA EMPRESA E A TEORIA DA INFRACÇÃO PENAL 15

1. Contextualização: o direito penal da empresa como categoria evolutiva
   do direito penal económico 15
2. O direito penal da empresa: delimitação conceptual e âmbito de
   aplicação 19
3. Dissonâncias no contexto da teoria da infracção criminal 22
   3.1 Princípio da legalidade, normas penais em branco e conceitos
       indeterminados 23
   3.2 O princípio do bem jurídico e a tutela de interesses colectivos . . . 26
       3.2.1 Os delitos cumulativos 28
       3.2.2 A constituição de assistente 29
   3.3 Responsabilidade criminal pelo produto 33
   3.4 Autoria e comparticipação 35

CAPÍTULO II
A RESPONSABILIDADE DOS ADMINISTRADORES 37

1. Considerações introdutórias 37
2. O fim do milénio e a tendência de responsabilização "para cima" 40

QUESTÕES FUNDAMENTAIS DE DIREITO PENAL DA EMPRESA

3. Primeira questão: autoria e comparticipação em crimes dolosos
por acção 47
4. Segunda questão: a autoria e a comparticipação em crimes
específicos 58
5. Terceira questão: o dever de garante e a autoria por omissão 68

CAPÍTULO III
A RESPONSABILIDADE PENAL DA PESSOA COLECTIVA 77

1. Breve nota histórica 77
2. Modelos de responsabilização da pessoa colectiva 84
2.1 A responsabilidade civil (subsidiária ou cumulativa) 84
2. 2 A responsabilidade administrativa 85
2.3 Modelos e medidas mistas 86
2.4 As medidas de segurança 88
2.5 A responsabilidade criminal do ente colectivo. 88
3. Os modelos de imputação do facto criminal à pessoa colectiva 89
3.1 Os modelos de hetero-responsabilidade e de auto-responsabilidade . 89
3.2 A culpa da pessoa colectiva 92
3.2.1 A culpa por defeito da organização, proposta por Klaus
Tiedemann 92
3.2.2 O modelo analógico, proposto por Jorge de Figueiredo Dias . . . 93
3.2.3 O modelo dos lugares inversos, proposto por José de Faria Costa 93
3.2.4 A culpa construtiva empresarial, proposta
por William S. Laufer 94
4. A jurisprudência brasileira e a discussão sobre a
"teoria da dupla imputação" 95

CAPÍTULO IV
A RESPONSABILIDADE PENAL DAS PESSOAS COLECTIVAS
NO ORDENAMENTO JURÍDICO PORTUGUÊS 99

1. Os regimes legais (geral e especiais) e as suas dissonâncias 99
2. O modelo de imputação do facto à pessoa colectiva 105
2.1 Consequências práticas e exemplos jurisprudenciais 108
2.1.1 A autonomia das responsabilidades colectiva e individual 108
2.1.2 A violação de deveres por um sujeito "qualificado"
como condição de imputação do facto à pessoa colectiva 109

2.1.3 O juízo de imputação e o objecto do processo 110
3. A irresponsabilidade do Estado, de pessoas colectivas no exercício
de prerrogativas de poder público e de organizações de direito
internacional público. 112
4. As penas aplicáveis à pessoa colectiva 114
5. A responsabilidade subsidiária e solidária dos dirigentes empresariais
pelas sanções aplicadas à pessoa colectiva 116
6. Comparticipação entre pessoa colectiva e pessoa singular? 119

CAPÍTULO V
COMPLIANCE E DIREITO PENAL DA EMPRESA 123

1. Nota introdutória 123
2. Os programas de cumprimento e a sua relação com o direito penal 124
3. Implicações do programa de *compliance* na responsabilidade da pessoa
colectiva 128
3.1 *Compliance* e exclusão da imputação do facto à pessoa colectiva 128
3.2 *Compliance* e sanção 131
3.3 *Compliance* e negociação do processo penal 132
3.4 Referência ao ordenamento jurídico português 134
4. *Compliance* e responsabilidade penal das pessoas singulares 135
4.1 A responsabilidade dos dirigentes empresariais 135
4.2 A responsabilidade do *compliance officer* 137

BIBLIOGRAFIA CITADA 141

ABREVIATURAS

ADPCP	Anuario de Derecho Penal y Ciencias Penales
BFD	Boletim da Faculdade de Direito da Universidade de Coimbra
BGH	Bundesgerichtshof
BGHSt	Entscheidungen des Bundesgerichtshofes in Strafsachen
Brit. J. Criminol.	British Journal of Criminology
CEJ	Centro de Estudos Judiciários
CJ	Colectânea de Jurisprudência
CP	Código Penal
CPP	Código de Processo Penal
CRP	Constituição da República Portuguesa
CSC	Código das Sociedades Comerciais
DPEE	Direito Penal Económico e Europeu: Textos Doutrinários
GA	Goltdammer's Archiv für Strafrecht
NJW	Neue Juristische Wochenschrift
OWiG	Ordnungswidrikeitengesetz
PLS	Projeto de Lei do Senado
PoLaR	Portuguese Law Review
RBCC	Revista Brasileira de Ciências Criminais
RCVS	Rivista di Criminologia, Vittimologia e Sicurezza
RDA	República Democrática Alemã
RDPC	Revista de Derecho Penal y Criminologia
RDES	Revista de Direito e Estudos Sociais

RFDUL	Revista da Faculdade de Direito da Universidade de Lisboa
RGIT	Regime Geral das Infracções Tributárias
RLJ	Revista de Legislação e Jurisprudência
RPCC	Revista Portuguesa de Ciência Criminal
RP	Revista Penal
STA	Supremo Tribunal Administrativo
STJ	Supremo Tribunal de Justiça
TC	Tribunal Constitucional
Univ. Pa. J. Bus. Law	University of Pennsylvania Journal of Business Law

NOTA INTRODUTÓRIA

Neste estudo expõem-se, em palavra escrita, reflexões desenvolvidas em vários cursos de pós-graduação, desde há alguns anos, em Portugal e no Brasil, no âmbito do Instituto de Direito Penal Económico e Europeu (Faculdade de Direito da Universidade de Coimbra) e do Instituto Brasileiro de Ciências Criminais, sobre o direito penal da pessoa colectiva e dos seus dirigentes. O crescente interesse e atenção dos problemas associados à empresa constitui um factor decisivo para se dar forma escrita a estas reflexões. Às considerações desenvolvidas em aula ou em conferências dedicadas a esta problemática, acrescentaram-se agora, nesta versão de texto escrito, indicações bibliográficas, bem como alguns tópicos de maior complexidade, adicionados em texto ou meramente assinalados em nota de pé de página.

Os problemas que se colocam no âmbito do direito penal da empresa e dos seus administradores têm vindo a ganhar, ao longo dos últimos anos, para além de uma enorme visibilidade na opinião pública, renovada importância na prática jurídica, desde logo pela sua complexidade e pelo desafio constante que dirigem às categorias clássicas do direito penal. Assim, este estudo considera quatro grandes questões fundamentais ao longo de cinco capítulos. Em primeiro lugar, as dificuldades de conciliação do direito penal da empresa com algumas das categorias da infracção penal (capítulo I): os novos interesses tutelados; o carácter menos preciso dos tipos legais que compõem o chamado direito penal da empresa; a dificuldade na prova do nexo de causalidade; as dificuldades em imputar o facto criminal acontecido no contexto empresarial à esfera individual de uma ou de várias pessoas.

O que nos conduz, em seguida, às reflexões que tomam o capítulo II, voltadas para a responsabilidade dos administradores: como imputar o facto de natureza criminal ao administrador? Quais os requisitos que devem estar preenchidos? Tem o administrador o dever de garante em face de toda a actividade empresarial?

As dificuldades sentidas no plano individual justificaram que, em alguns ordenamentos jurídicos (*e. g.*, em Portugal), se evoluísse no sentido de responsabilizar o próprio ente colectivo. Embora a responsabilização penal seja um dos modelos possíveis, não é o único. É certamente o mais problemático. Dessas dificuldades se dará conta nos terceiro e quarto capítulos: examina-se e problematiza-se, em geral, a responsabilização criminal do ente colectivo da perspectiva da imputação objectiva e subjectiva do facto criminal (capítulo III); e, em seguida, toma-se como referente analítico o ordenamento jurídico português, considerando as opções legislativas na responsabilização do ente colectivo e as respectivas consequências práticas no plano da sua aplicação jurisprudencial (capítulo IV).

Por fim, o capítulo V é dedicado ao tema dos programas de *compliance* e de prevenção da criminalidade empresarial. Consideram-se, numa perspectiva que pretende ser construtiva, os efeitos e as implicações que este tipo de programas pode ter na responsabilidade das pessoas colectivas e pessoas individuais – relacionando-se, deste modo, este capítulo com os que o antecedem. Procura-se ainda, à luz de uma análise crítica, expor algumas dúvidas suscitadas pela literatura recente quanto à eficácia dos programas de *compliance*.

CAPÍTULO I
O DIREITO PENAL DA EMPRESA
E A TEORIA DA INFRACÇÃO PENAL

1. Contextualização: o direito penal da empresa como categoria evolutiva do direito penal económico

A evolução do direito penal da empresa só pode compreender-se no contexto da evolução do paradigma sócio-económico do Estado e, consequentemente, é essencial enquadrá-lo na evolução do direito sancionatório regulador do sector económico. Se a primeira metade do século XX reclama uma intervenção do Estado no sector económico, já a nota predominante do final do século consiste no afastamento do ente público da intervenção económica, resguardando-se a funções de regulação. A importância desta nota evolutiva para o direito penal da empresa relaciona-se com a circunstância de este direito punitivo ser expressão necessária da realidade económica que toma por objecto, bem como da opção política de maior ou menor intervenção estatal e das medidas sancionatórias associadas a essa intervenção.

Durante a primeira metade do século XX foi colocada em evidência a necessidade de intervenção pública, com a finalidade primária de prevenir desequilíbrios económicos e sociais graves, vivamente experienciados no início do século[1]. Evidencia-se a decadência do Estado de direito liberal

---

[1] Sobre esta nota evolutiva, mais desenvolvidamente, Susana Aires de Sousa, *Os Crimes Fiscais. Análise Dogmática e Reflexão sobre a Legitimidade do Discurso Criminalizador*, Coimbra: Coimbra Editora, 2009 (reimp.), p. 193 e ss.

no seio do qual se entendia que o Estado não deveria intervir na vida económica tendo por únicos *agenda*, nas palavras de Adam Smith, "*police, justice and arms*" ou, no dizer do liberal português António dos Santos Jardim, "julgar e combater". O triunfo do ideal intervencionista, antípoda da intervenção estatal mínima defendida pelos clássicos, consuma-se com a obra de John Maynard Keynes. Perante a nova realidade, exige-se a intervenção do Estado, ao qual se reconhecem novos *agenda*: a função de afectação de recursos; a função de redistribuição e a função de estabilização[2]. Entra em cena o Estado social, protecionista e reivindicador da intervenção do direito. Como sublinha Silva Dias, "tal impulso vem provocar uma alteração do modo de ser do Direito, que se torna instrumento de reforma e de correcção de assimetrias económico-sociais, ganhando em volume e complexidade o que vai perdendo em estabilidade e coerência"[3]. Este novo direito, tido como instrumento de correcção, revela-se mutável, flexível e assistemático como forma de resposta à realidade, também ela mutável, em que se pretende intervir.

Esta modificação da natureza do direito estende-se ao direito penal, tido agora como um direito de tutela da ordem e da estabilidade económica. O nascimento do direito penal económico encontra-se visceralmente ligado àquelas alterações sociais e económicas vividas na transição do século XX, o que lhe conferiu, irremediavelmente, um carácter instável e dinâmico, assim se justificando, do mesmo modo, a não imediata percepção da autonomia deste direito e dos bens por ele tutelados, apressando-se a ser confundido com uma certa política sancionatória administrativa destinada a corrigir desequilíbrios nos domínios económico e social[4].

A segunda metade do século XX é reveladora de um esforço de autonomização do direito penal económico, separado da tutela de uma ordem ou política estatal económica. O direito penal económico pretende associar-se a

[2] Esta seria a agenda do Estado de direito social segundo a proposta de Richard Musgrave, *Theory of Public Finance*, New York: Mcgraw-Hill Book Company, 1959, capítulo 1, p. 3 e ss.; também Richard Musgrave / Peggy Musgrave, *Public Finance in Theory and Practice.*, Singapore: McGraw-Hill International Editions, 1989, p. 6.

[3] Augusto Silva Dias, «*Delicta in Se*» e «*Delicta Mere Prohibita*» – *Uma Análise das Descontinuidades do Ilícito Penal Moderno à Luz da Reconstrução de uma Distinção Clássica*, Coimbra: Coimbra Editora, 2008, p. 220.

[4] Augusto Silva Dias, «*Delicta in se*».., *op. cit.*, p. 222. Também Susana Aires de Sousa, *Os Crimes Fiscais, op. cit.*, p. 194.

CAPÍTULO I - O DIREITO PENAL DA EMPRESA E A TEORIA DA INFRACÇÃO PENAL

condutas ofensivas de bens jurídicos reconhecidos como valiosos em função da sua relevância para a sobrevivência do sistema económico. A afirmação do desvalor destas condutas reflecte-se nas próprias categorias legais, emergindo na legislação portuguesa do final do século um novo tipo de criminalidade – a criminalidade económico-financeira – com regimes legais específicos em matéria de investigação e repressão. Um exemplo paradigmático é o Decreto-Lei n.º 41 204, de 24 de Julho de 1957, expressão do forte intervencionismo estatal que se fazia sentir no seu tempo, que concedeu pela primeira vez autonomia formal e material aos crimes contra a economia, visando de forma directa a protecção do mercado e daqueles que neles intervêm[5]. A tutela da economia e do sistema económico consolidada por este diploma seria posteriormente continuada, no ordenamento jurídico português, pelo Decreto-Lei 28/84 de 20 de Janeiro[6].

No contexto deste novo direito penal económico, voltado para "a protecção de bens jurídicos que são protegidos em função da sua relevância directa para o sistema económico"[7] assume cada vez maior relevância, no plano das condutas ofensivas de interesses merecedores de proteção penal, a actividade empresarial. Essa consciência é refletida na literatura e nos estudos de criminologia da década de 70 do século XX através da atenção concedida à categoria de *corporate crime*[8], centrando a sua investigação no crime cometido na empresa (enquanto ente colectivo) e realizado em seu benefício[9]. Se no plano económico a empresa ganha extraordinária relevância enquanto entidade organizada que actua como agente económico produtor de bens e serviços, alargando-se progressivamente o seu âmbito de acção a sectores tidos tipicamente como

---

[5] Cf., com adicionais referências bibliográficas sobre este diploma, Susana Aires de Sousa, *A Responsabilidade Criminal pelo Produto e o* Topos *Causal em Direito Penal. Contributo para uma Protecção dos Interesses do Consumidor*, Coimbra: Coimbra Editora, 2014, p. 528 e ss.

[6] Sobre esta evolução histórica, Susana Aires de Sousa, *A Responsabilidade Criminal pelo Produto..., op. cit.*, p. 558.

[7] Cf. Pedro Soares Albergaria, "A posição de garante dos dirigentes no âmbito da criminalidade de empresa", *RPCC 9 (1999)*, p. 607.

[8] Cf Cláudia Cruz Santos, *O Crime de Colarinho Branco (da origem do conceito e sua relevância criminológica à questão da desigualdade na administração da justiça penal)*, Stvdia Ivridica 56, Coimbra: Coimbra Editora, 2001 p. 76.

[9] Sobre este ponto veja-se Norberto Mata Barranco / Jacobo Dopico Gómez-Aller / Juan Antonio Lascuraín Sánchez / Adán Nieto Martin, *Derecho Penal Económico y de la Empresa*, Madrid: Editorial Dykinson, 2018, p. 41 e s.

de intervenção ou de iniciativa pública, no plano criminológico a *corporation* ganha protagonismo não só como cenário da prática de crimes, mas também como causa e agente da realização criminosa (designadamente, quando as vantagens de realização do crime superam os seus custos e quando a conduta desviante se neutraliza pela cultura dominante na empresa[10]).

Com efeito, a segunda metade do século XX faria emergir uma nova realidade no plano económico, com uma forte acentuação do peso da iniciativa privada no desenvolvimento económico. As grandes empresas ganham uma forte dimensão concretizada numa progressiva expansão quer na sua actividade, quer no espaço em que esta se desenrola, internamente ou além-fronteiras. O recuo da intervenção do Estado na sua função de produção de bens e serviços surge assim compensado necessariamente pela iniciativa privada.

O final do século XX acentuou de forma clara a tendência crescente de privatização e progressiva desregulação da economia com uma redução substancial das formas clássicas de intervenção directa do Estado, como a produção de bens e serviços e a prestação de assistência social, em prol da assunção de tarefas mais abstractas e indirectas de regulação social. O Estado "prestador" transforma-se progressivamente, de modo muito acentuado a partir da segunda metade da década de 80 do século XX, em "Estado regulador"[11] ou "supervisor"[12].

Porém, também o Estado "supervisor" revelou as suas falhas e lacunas, sobretudo nas crises financeira e bancária trazidas pela primeira década do século XXI, lançando novas questões sobre as melhores e mais eficazes formas de supervisão do sector económico e, de modo muito particular, daqueles que se tornaram os actores principais de situações de grave lesão de interesses sociais e económicos: as empresas e os seus dirigentes. A reacção na procura de formas de prevenção e de controlo da criminalidade empresarial passaria não

---

[10] Sobre este ponto, com exemplos, Norberto Mata Barranco / Jacobo Dopico Gómez-Aller / Juan Antonio Lascuraín Sánchez / Adán Nieto Martin, *Derecho Penal Económico*, *op. cit.*, p. 39 e ss.

[11] Uma análise crítica a esta evolução da perspectiva das questões penais e, em particular, da prevenção e controlo criminais pode ver-se em John Braithwaite, "The new regulatory state and the transformation of criminology", *Brit. J. Criminol.* (2000) 40, p. 224 e ss.

[12] Cf. Augusto Silva Dias, *Delicta in se...*, *op. cit.*, p. 222. Um retrato desta evolução, com extensas indicações bibliográficas pode encontrar-se em Nuno Brandão, *Crimes e Contra-Ordenações: da Cisão à Convergência Material*, Coimbra: Coimbra Editora, 2014, p. 403 e ss. Também John Braithwaite, "The new regulatory state...", *op. cit.*, p. 227.

CAPÍTULO I - O DIREITO PENAL DA EMPRESA E A TEORIA DA INFRACÇÃO PENAL

por resgatar uma intervenção estatal no contexto económico-empresarial, tida como ultrapassada, mas antes por procurar certas formas de parceria público-privada concretizadas na investigação e prevenção de condutas desviantes, por exemplo, através da criação de códigos de conduta internos, ou por via do reforço da supervisão pública e privada através de programas de *compliance*[13]. A criação de programas de prevenção da criminalidade empresarial (e consequentemente de valorização da cultura de *compliance* no contexto da empresa) e a sua ligação ao direito penal da empresa será abordada no último capítulo deste estudo. Importa, desde já e neste capítulo inicial, atender ao conceito e limites do direito penal da empresa.

2. O direito penal da empresa: delimitação conceptual e âmbito de aplicação

Dentro do vasto panorama da denominada criminalidade sócio-económica é possível retirar da diversa produção legislativa e doutrinal um conjunto de preceitos legislativos que se prendem com o exercício da actividade empresarial[14] e que compõem o chamado *direito penal da empresa*. Na prossecução das suas finalidades económicas, a empresa é também um centro de profundas tensões económicas, sociais, políticas e jurídicas, que impõem uma regularização da sua actividade, sendo como tal fonte de enorme produção legislativa e de uma aturada reflexão doutrinal[15]. O dano causado pela empresa ganhou ao longo do século XX uma maior dimensão objectiva mas também uma maior percepção junto da comunidade. Estamos hoje certamente muito distantes da compreensão dada no final do século XIX ao problema da responsabilidade dos danos causados pela empresa, próximo de uma certa ideia de adequação social e de princípio do risco permitido (*erlaubtes Risiko*)[16]. Um dos exemplos

---

[13] Cf. Anabela Miranda Rodrigues, "Compliance programs and corporate criminal compliance", *PoLaR*, Jan/2018, n.º 1, p. 4.

[14] Cf. Juan Terradillos Basoco, *Derecho Penal de la Empresa*, Madrid: Editorial Trotta, 1995.

[15] Cf. Juan Terradillos Basoco, *Derecho Penal de la Empresa, op. cit.*, p. 13.

[16] Sobre este paralelismo entre adequação social e risco permitido e sobre as dificuldades em definir esta última categoria, reflectida em diversos planos da infracção criminal, Margarita Martínez Escamilla, *La Imputación Objetiva del Resultado*, Madrid: Edersa, 1992, p. 125 e ss. Veja-se ainda, no sentido de se tratar de figuras autónomas mas reconhecendo-lhes uma

primários da necessidade de enquadrar juridicamente os resultados lesivos decorrentes da actividade empresarial pode encontrar-se na obra de Ludwig v. Bar, para quem os perigos decorrentes da actividade de produção são conhecidos mas necessários, prevendo-se com grande probabilidade que no decurso do tempo haja algumas pessoas – e não só aquelas que tomem parte na actividade produtiva – que sofrerão consequências fatais[17]. O autor acrescenta que um tal risco não pode ser prevenido por medidas de cautelas tão rigorosas que ponham em causa a própria continuidade da iniciativa empresarial. Com efeito, o discurso de v. Bar denota uma certa tolerância que tende a aumentar com a importância que se reconheça socialmente à actividade em causa. O novo século traria consigo uma nova visão sobre a relevância da empresa e dos seus dirigentes para o direito penal. Ao longo do século XX a empresa acabaria por ser descoberta, nas palavras de Faria Costa, "pelo direito penal e pela criminologia como um centro susceptível de gerar ou a favorecer a prática de factos penalmente ilícitos, porque de repercussão desvaliosa no tecido económico-social"[18].

Todavia, a delimitação conceptual do chamado *direito penal da empresa* e da realidade jurídica que nele se integra tem-se mostrado como uma tarefa dotada de alguma complexidade[19]. De entre a diversidade de condutas criminalmente relevantes que podem ocorrer no contexto empresarial é necessário *delimitar* quais as que integram o direito penal da empresa de modo a cumprir a ideia, com frequência sublinhada na literatura sobre o tema, de que há uma diferença substancial entre a chamada criminalidade na empresa (*Betriebskriminalität*) e criminalidade de empresa (*Unternehmenskriminalität*)[20]. É esta última que nos importa no contexto deste estudo.

origem e trajecto próximos, Paula Ribeiro de Faria, *A Adequação Social da Conduta no Direito Penal*, Porto: Publicações Universidade Católica, 2005, p. 946 e ss. e p. 985 e ss.

[17] Cf. *Die Lehre von Kausalzusammenhange*, Leipzig: Verlag von Bernhard Tauchnitz, Leipzig, 1871, p. 14. Também Eric Hilgendorf, *Strafrechtliche Produzentenhaftung in der "Risikogesellschaft"*, Berlin: Duncker & Humblot, 1993, p. 89. Veja-se ainda Andreas Hoyer, "Risco permitido e desenvolvimento tecnológico", *RPCC 20* (2010), p. 352.

[18] José de Faria Costa, "Responsabilidade jurídico-penal da empresa e dos seus órgãos", *DPEE*, vol. I, Coimbra: Coimbra Editora, 1998, p. 505.

[19] Em concreto quanto a esta questão, por exemplo, Juan Terradillos Basoco, *Derecho Penal de la Empresa, op. cit.*, p. 12.

[20] Sobre esta diferença, Bernd Schünemann, "Cuestiones básicas de dogmática jurídico-penal y de política criminal acerca de la criminalidade de empresa", *ADPCP 1988*, Fascículo 2, p. 530.

CAPÍTULO I – O DIREITO PENAL DA EMPRESA E A TEORIA DA INFRACÇÃO PENAL

Quanto a nós, a inserção do direito penal da empresa no âmbito do direito penal económico faz-se a partir de um critério de natureza económica assente na clássica definição de empresa enquanto agente económico dotado de uma organização de capital e de trabalho destinada a produção, distribuição e prestação de serviços. A partir deste critério poder-se-á afirmar que nem todos os comportamentos com relevância criminal acontecidos ou situados na empresa se podem qualificar como direito penal económico e, consequentemente, enquanto modalidade desse ramo jurídico, *direito penal da empresa*.

Avançando-se mais um passo na concretização desta delimitação conceptual, considere-se a proposta de Bernd Schünemann, para quem *Unternehmenskriminalität* constitui o ramo do direito penal económico constituído pelos "delitos económicos em que através da empresa se lesam bens jurídicos e interesses externos, incluídos os próprios interesses dos colaboradores da empresa"[21]. Partindo desta ideia e procurando relacioná-la com o papel de agente económico exercido pela empresa, é possível encontrar uma proposta de concretização do que seja o direito penal da empresa. Da nossa perspectiva, a pessoa colectiva, no exercício da sua actividade económica, enquanto agente económico produtor de bens e serviços, pode, na prossecução dessa sua finalidade, ser meio ou instrumento de ofensa a interesses de natureza essencialmente económica ou económico-social com dignidade jurídico-penal. As incriminações que tutelam esses interesses de natureza económica ou económico-social, postos em causa através da actuação empresarial sob a veste de agente económico, constituem *o direito penal da empresa*.

Assim, tem-se entendido que fazem parte do *direito penal da empresa* incriminações ligadas ao direito penal laboral, ao direito penal do mercado de valores mobiliários, ao direito penal do consumidor, ao direito penal do ambiente, ao direito penal fiscal, às insolvências puníveis, aos crimes contra a propriedade industrial e aos delitos societários. De facto, todos estes ramos do direito penal se relacionam com a empresa enquanto unidade económica de produção, isto é, enquanto agente económico que intervém no sistema produzindo bens e serviços que se destinam à satisfação das necessidades dos consumidores: o direito penal laboral e o direito penal fiscal ligados aos custos

---

[21] Cf. Bernd Schünemann, "Cuestiones básicas...", *op. cit.*, p. 531. Também Pedro Soares Albergaria, "A posição de garante...»", *op. cit.*, p. 610.

próprios da actividade produtiva; os crimes contra os valores mobiliários, os delitos societários, os crimes contra a propriedade industrial e as insolvências puníveis relacionados com o regular funcionamento da empresa; o direito penal dos consumidores e o direito penal do ambiente tendo por referência a clientela e a prestação de serviços e bens.

Assim, como exemplo de incriminações que integram, no direito português, o direito penal da empresa, quando realizadas no exercício da actividade empresarial, surgem, entre outras, a violação do direito à greve (Código do Trabalho), as fraudes de natureza fiscal ou contra a segurança social (Regime Geral das Infracções Tributárias), os crimes contra a saúde pública e economia (Regime Jurídico dos Crimes contra a Economia e a Saúde pública), os crimes contra o ambiente (Código Penal), os crimes contra os valores mobiliários (Código dos Valores Mobiliários), os crimes societários (Código das Sociedades Comerciais), os crimes contra a propriedade industrial (Código da Propriedade Industrial) ou as insolvências puníveis (Código Penal).

3. Dissonâncias no contexto da teoria da infracção criminal

O paradigma penal clássico assenta num delito de construção individual, tanto do lado do agente do crime, como do lado do titular dos interesses ofendidos. Como em circunstâncias diversas escutámos de Figueiredo Dias, a estrutura delitual clássica toma por referência o paradigma "Caim matou Abel". Neste sentido, toma-se como objeto de estudo primário as situações dolosas de autoria criminal individualizada, onde se imputa causalmente um resultado doloso concretizado na ofensa a um determinado bem jurídico titulado pelo ofendido[22]. É certo que a teoria da infracção penal contempla outras formas delituais que ultrapassam o crime doloso por acção, como sejam as regras específicas da omissão ou da negligência. Todavia, a criminalidade de empresa impõe-se, sobretudo a partir da segunda metade do século XX, com características peculiares que desafiam categorias e princípios da teoria da infracção penal.

---

[22] Sublinhando esta ideia veja-se Jesus-María Silva Sánchez, *Fundamentos* del *Derecho Penal de la Empresa*, Montevideo-Buenos Aires: IBdeF, 2016, p. 7.

CAPÍTULO I – O DIREITO PENAL DA EMPRESA E A TEORIA DA INFRACÇÃO PENAL

Procurar-se-á, em seguida, apontar alguns exemplos, ainda que de modo fragmentária, como forma de demonstrar o conflito e a tensão existentes entre as categorias clássicas de delito e a criminalidade empresarial.

3.1 Princípio da legalidade, normas penais em branco e conceitos indeterminados

As normas que integram o direito penal da empresa socorrem-se, com frequência, no seu preenchimento típico da utilização de leis penais em branco e, por vezes, também de conceitos indeterminados ou cláusulas gerais.

Facilmente se compreende que, num domínio tão específico e regulado como o da actividade empresarial, o legislador se socorra, no preenchimento de elementos típicos, de reenvios para normas extra-penais, *v. g.*, administrativa, fiscal, civil ou comercial[23], concretizando-se neste domínio uma "acessoriedade ao direito público ou privado que se manifesta na existência de tipos penais abertos"[24] (leis penais em branco, conceitos jurídicos indeterminados).

Todavia, o uso desta técnica legislativa confronta o princípio da legalidade criminal – *nullum crimen, nulla poena sine lege* – em algumas das suas dimensões, em particular no que respeita à exigência constitucional de reservar ao órgão parlamentar a competência para legislar em matéria penal, nos termos do artigo 165.º, n. 1, *c)*, da CRP[25], designadamente quanto ao preenchimento de elementos típicos que fundamentam ou agravam a ilicitude penal.

Pode dar-se o caso de o legislador remeter o conteúdo de um elemento do tipo para uma norma de natureza não penal de valor infra-legal (decreto, regulamento ou uma portaria). Quando estas normas extra-penais que densificam e concretizam os elementos do ilícito penal constem de um diploma governamental estendem-se, em violação da Constituição, os poderes de intervenção do Governo em matéria criminal[26]. Na literatura penal tem-se,

---

[23] Cf. Jorge de Figueiredo Dias, *Direito Penal, Parte Geral*, Tomo I, Coimbra: Coimbra Editora, 2004, p. 184.

[24] Jesus Maria Silva Sánchez, *Fundamentos del Derecho Penal de la Empresa, op. cit.*, p. 9.

[25] Cf. Maria João Antunes / Pedro Caeiro, "Portugal", *in: Kluwer Encyclopaedia of Criminal Law*, suppl. 6 (May 1995), p. 35 e ss.

[26] Por esta razão acompanhamos as críticas formuladas por José de Faria Costa, "Art. 202.º", *Comentário Conimbricense ao Código Penal*, Tomo II, Coimbra: Coimbra Editora, 1999, p. 12 e 13, à concretização dos conceitos de valor elevado e valor consideravelmente elevado, para efeitos

QUESTÕES FUNDAMENTAIS DE DIREITO PENAL DA EMPRESA

porém, admitido a cláusula em branco desde que o seu conteúdo esteja precisado numa lei ou num decreto-lei autorizado pela Assembleia da República, respeitando o princípio da legalidade criminal, quer na sua vertente formal quer na sua dimensão material[27].

Por outro lado, o legislador deve ser especialmente cauteloso no uso desta técnica legislativa (por reenvio), uma vez que o seu recurso pode prejudicar a função de garantia que cabe ao tipo incriminador, aumentando-se igualmente o risco de desconhecimento da incriminação e diminuindo, consequentemente, as garantias penais[28].

Estes riscos podem concretizar-se através de um exemplo recolhido no direito penal de empresa do nosso ordenamento jurídico. O artigo 509.º do Código das Sociedades Comerciais tipifica o crime de *Falta de cobrança e entradas de capital*[29], criminalizando a conduta do gerente ou administrador da sociedade que omitir ou fizer omitir por outrem actos que sejam necessários para a realização de entradas de capital. A concretização da conduta omissiva incriminada impõe um necessário reenvio para as normas de direito societário que concretizam os deveres e as obrigações dos gerentes e administradores quanto à realização das entradas de capital, designadamente para os artigos 202.º e ss. e 285.º e ss. do mesmo código. Deste modo, constitui forma de realização do tipo legal a omissão, pelo gerente ou pelo administrador, de deveres como o dever de interpelar o sócio para efetuar o pagamento da entrada diferida nos termos dos artigos 203.º, n.º 3, e 285.º, n.º 2. Todavia, esta técnica do reenvio não é a que melhor se coaduna com a exigência de determinabilidade da conduta típica exigida pelo princípio da legalidade

de agravação da ilicitude em crimes de natureza patrimonial, previstos nas alíneas *a)* e *b)* do artigo 202.º, por colocarem em causa o princípio da reserva de lei. É assim na medida em que tais valores são definidos a partir do valor da Unidade de Conta e, como tal, por reenvio para um conjunto de normas externas ao Código Penal, como o Código das Custas Processuais ou diplomas de valor infra-legal, como a Portaria governamental que procede à actualização do Indexante de Apoios Sociais – de que depende, em última instância, o preenchimento do conceito de valor elevado e consideravelmente elevado.

[27] Jorge de Figueiredo Dias, *Direito Penal...*, *op. cit.*, p. 173.

[28] Cf. Germano Marques da Silva, *Direito Penal Português*, Vol. I, Lisboa / São Paulo: Editorial Verbo, 1997, p. 220.

[29] Um comentário e análise deste tipo legal pode ver-se em Susana Aires de Sousa, "Artigo 509.º", *Código das Sociedades Comerciais em Comentário* (coord. Jorge M. Coutinho de Abreu), Vol. VII, p. 415 e ss.

criminal na sua vertente material, como vem sendo referido pela doutrina.[30] Em particular, Germano Marques da Silva critica a indeterminação quanto ao momento a partir do qual o gerente ou o administrador incorre em responsabilidade criminal por falta de interpelação do sócio[31]. Com efeito, no silêncio da lei, a responsabilidade criminal do gerente ou administrador por omissão da interpelação do sócio deve afirmar-se no primeiro momento em que se podia efectivar aquele dever? O gerente ou administrador realizam a conduta omissiva se logo no dia seguinte ao prazo fixado no contrato social não procederem à interpelação do sócio em falta? Muito embora esta solução se aproxime de uma responsabilização excessiva, parece ser a que tem respaldo legal. Qualquer outra solução que procure o cumprimento daquele dever num tempo razoável tem contra si argumentos decisivos na medida em que tornaria a responsabilidade criminal indeterminada no tempo[32].

Também ligados à exigência de que a lei penal seja precisa na ordem que dirige aos seus destinatários, apresentando a necessária clareza e determinabilidade na descrição da matéria proibida pelo tipo incriminador, estão o

---

[30] Cf. Susana Aires de Sousa, "Nótulas sobre as disposições penais do Código das Sociedades Comerciais", *DSR*, ano 5, vol. 9 (2013), p. 118 e p. 133. Também *Código das Sociedades Comerciais em Comentário* (coord. Jorge M. Coutinho de Abreu), Vol. VII, p. 418.

[31] Cf. Germano Marques da Silva, "Disposições penais do Código das Sociedades Comerciais – Considerações Gerais", *Textos – Sociedades Comerciais*, Centro de Estudos Judiciários / Conselho Distrital do Porto da Ordem dos Advogados, Lisboa, 1994/95, p. 49; também Paulo de Sousa Mendes, "Artigo 509.º", *Código das Sociedades Comerciais Anotado* (coord. A. Menezes Cordeiro), Almedina, Coimbra, 2011, p. 1344.

[32] Com efeito, o uso deste reenvio da norma incriminadora para normas extra-penais pode conduzir a situações caricatas e de duvidosa constitucionalidade. Tome-se como exemplo o crime de burla tributária previsto no artigo 87.º do RGIT. O valor da atribuição patrimonial constitui um elemento qualificador do ilícito, socorrendo-se o legislador dos conceitos de "valor elevado" e de "valor consideravelmente elevado". Na tentativa de clarificação desses conceitos poder-se-á recorrer ao Código Penal com fundamento no artigo 11.º do RGIT. Neste percurso, o intérprete é reenviado para as alíneas *a*) e *b*) do artigo 202.º do CP, as quais, por sua vez, pressupõem um jogo de referências e reenvios extra-penais. Com efeito, para que se determine o valor da unidade de conta aí pressuposta será necessário recorrer ao artigo 5.º do Regulamento das Custas Processuais (Decreto-Lei n.º 34/2008 de 26 de Fevereiro) e ainda ao diploma governamental (por regra, uma portaria) que anualmente fixa o Indexante de Apoios Sociais uma vez que a unidade de conta é uma percentagem desse valor. Esta não será certamente a melhor técnica legislativa; e muito menos corresponderá às exigências do princípio da legalidade criminal, tanto por via do princípio da reserva de lei, como pela exigência material de determinabilidade da lei penal.

QUESTÕES FUNDAMENTAIS DE DIREITO PENAL DA EMPRESA

uso de conceitos indeterminados e de cláusulas gerais que surgem com muita frequência no direito penal da empresa[33].

Sobre esta questão pronunciou-se o Supremo Tribunal de Justiça no acórdão de 15 de Outubro de 1997, no contexto dos crimes de fraude e de desvio na obtenção de subsídios previstos nos artigos 36.º e 37.º do Decreto-Lei n.º 28/84, de 20 de Janeiro, a propósito dos conceitos de "facto importantes para a concessão de subsídio ou subvenção" e "casos particularmente graves". Entendeu o tribunal não estar em causa uma violação do princípio da legalidade criminal por o seu conteúdo ser determinável, tanto mais que o legislador concretizou o seu conteúdo nos n.os 5 e 8 do artigo 36.º. Fundamental para que esteja cumprido o princípio da legalidade criminal, na visão do tribunal, é que o conceito, embora indeterminado, seja determinável, pelo intérprete.

3.2 O princípio do bem jurídico e a tutela de interesses colectivos

Na sua grande maioria, as incriminações que integram o direito penal da empresa têm por objecto a tutela de interesses colectivos ou supra-individuais[34].

---

[33] Interessante, neste contexto, o já revogado crime de concorrência desleal (a partir de 2003 seria tido como contra-ordenação), nos termos do qual "Quem, com intenção de causar prejuízo a outrem ou de alcançar para si ou para terceiro um benefício ilegítimo praticar qualquer acto de concorrência contrário às normas e *usos honestos* de qualquer ramo de actividade (...)". A indeterminação do conceito de usos honestos era ainda mais acentuada e potenciada no contexto da criminalidade empresarial. O legislador procurou resolver o conflito com o princípio da legalidade criminal socorrendo-se da técnica dos exemplos-padrão ao esclarecer no tipo legal que como tal se entendiam *nomeadamente*: "*a)* os actos susceptíveis de criar confusão com o estabelecimento, os produtos, os serviços, ou o crédito dos concorrentes, qualquer que seja o meio empregue; *b)* as falsas informações feitas no exercício do comércio ou da indústria com o fim de desacreditar o estabelecimento, os produtos, os serviços, ou a reputação dos concorrentes; (...)".

[34] Muito embora a qualificação do bem jurídico como colectivo ou supra-individual não seja inteiramente sinónima (sobre esta questão veja-se por exemplo, Susana Aires de Sousa, Os Crimes Fiscais..., *op. cit.*, p. 204 e ss.; também "Sociedade do risco: *requiem* pelo bem jurídico?", *RBCC* 86 (2010), p. 231-246), ambas as categorias comungam da ausência de uma titularidade individualizável. Sobre a categoria de bem jurídico e a sua evolução vejam-se ainda os estudos fundamentais de António Manuel de Almeida Costa, "Sobre o crime de corrupção", *Estudos em Homenagem ao Prof. Doutor Eduardo Correia*, Vol. I, *BFDUC*, Coimbra, 1984, p. 141 e ss.; Jorge de Figueiredo Dias, "O 'Direito Penal do Bem Jurídico' como princípio jurídico-constitucional", *in: XXV Anos de Jurisprudência Constitucional Portuguesa*, Coimbra: Coimbra Editora, 2009, p. 31 e ss., e José de Faria Costa, "Sobre o objecto de protecção

CAPÍTULO I – O DIREITO PENAL DA EMPRESA E A TEORIA DA INFRACÇÃO PENAL

O reconhecimento progressivo de interesses colectivos como valores dignos de tutela penal (o ambiente, as receitas fiscais, o regular funcionamento da sociedade comercial, a confiança no mercado de valores mobiliários, etc.) fez-se naturalmente à custa do alargamento do conceito de bem jurídico e, reflexamente, do esbatimento dos seus contornos[35]. Neste contexto de constante evolução económica e social, o objecto de tutela chega mesmo a assumir, em alguns momentos, um papel meramente secundário enquanto critério definidor e delimitador da intervenção penal. Em causa está a proteção de interesses muito distintos dos bens jurídicos clássicos.

É assim, desde logo, de uma perspectiva ontológica, uma vez que a dignidade penal destes bens, mais afastada de uma essência axiológica culturalmente consolidada, radica antes numa certa sedimentação histórica e social, sendo directamente influenciada por uma orientação político-económica e resultando mais das vezes de uma enumeração normativo-formal efectuada pelo legislador.

Também do ponto de vista do titular, em causa estão, na maioria das vezes, bens distanciados de uma referência individual imediata, dotados de uma natureza económica ou social. A tutela destes bens é feita, por via de regra, antecipando o momento da sua lesão. A própria construção da incriminação releva com frequência o privilegiar do perigo da conduta face à lesão efectiva do bem jurídico[36], o que levanta dúvidas sobre a legitimidade e necessidade da intervenção penal, por um lado, e, por outro, torna mais abstracto e ténue o juízo de imputação do resultado desvalioso à conduta individual do agente.

Com efeito, a natureza colectiva dos bens tem confrontado a literatura com problemas de natureza substantiva e processual. Apontam-se alguns exemplos como forma de ilustrar estas dificuldades: o primeiro no plano da valoração da conduta à luz do desvalor que ela importa para o interesse tutelado; o segundo, relacionado com o problema processual da constituição de assistente.

---

do direito penal: o lugar do bem jurídico na doutrina de um direito penal não iliberal", *RLJ*, Ano 142 (2013), N.º 3978, p. 158 e ss.

[35] Cf. Susana Aires de Sousa, *Os Crimes Fiscais...*, *op. cit.*, p. 193.

[36] Neste sentido, José de Faria Costa, *Direito Penal Económico*, Coimbra: Quarteto, 2003, p. 35.

QUESTÕES FUNDAMENTAIS DE DIREITO PENAL DA EMPRESA

3.2.1 Os delitos cumulativos

No plano substantivo, destacam-se as questões de imputação ligadas ao hiato existente entre a conduta e o resultado tido como desvalioso para o interesse jurídico protegido. Entre essas propostas distingue-se, no direito penal económico em geral e particularmente no âmbito empresarial (*v. g.*, crimes fiscais ou crimes contra o mercado de valores mobiliários), uma nova figura dogmática baseada na ideia de acumulação, os chamados delitos cumulativos.

Com efeito, o reconhecimento de bens jurídicos colectivos autónomos insusceptíveis de serem lesados por uma acção individual levou alguma doutrina a reflectir sobre a suficiência dos critérios de imputação próprios do direito penal para a tutela destes novos bens jurídicos e, simultaneamente, sobre o desenho ou a arquitectura dos delitos que tutelam tais bens[37]. Em causa está o problema de saber se é legítimo sancionar penalmente uma conduta, mesmo que esta, por si só, considerada individualmente, não se mostre adequada a lesar o bem jurídico, desde que se verifique a forte probabilidade de uma tal conduta vir a ser realizada por outros sujeitos, decorrendo, deste somatório, uma grave lesão do bem jurídico. É com este sentido que se usa a expressão delitos cumulativos ou de acumulação (*Kumulationsdelikte*) para designar os crimes que têm na base da proibição uma ideia de prevenção da generalização da conduta[38].

Estes delitos têm sido por vezes qualificados como uma modalidade de crimes de perigo abstracto, o que exige que não se perca de vista a sua especificidade, a qual reside na prognose realista e actual de que a ausência da proibição jurídico-penal implicaria a generalização de tais condutas, criando-se um perigo ou lesando o bem jurídico protegido[39]. Neste sentido, da pers-

---

[37] Cf. Susana Aires de Sousa, *Os Crimes Fiscais, op. cit.*, p. 226 e ss. Também, desenvolvidamente, Nuno Brandão, "Bens jurídicos colectivos e intervenção penal cumulativa", *RPCC 25* (2015), p. 32 e ss. Segundo Jorge de Figueiredo Dias, em direito penal colectivo deparamo-nos substancialmente com delitos que possuem uma natureza análoga à categoria dos delitos de perigo abstracto; delitos nos quais "a relação entre a acção e o bem jurídico tutelado surgirá as mais das vezes como longínqua, nublosa e quase sempre particularmente débil", cf. "O papel do direito penal na protecção das gerações futuras", *BFD*, Volume Comemorativo do 75.º Tomo do Boletim da Faculdade de Direito, Coimbra, 2003, p. 1136.

[38] Augusto Silva Dias, *Delicta in se, op. cit.*, p. 824.

[39] Também Joel Feinberg, referindo-se aos danos cumulativos em geral, sublinha, como nota característica da proibição, a necessidade de o legislador adquirir o máximo de informações empíricas que lhe permitam concluir pela forte probabilidade de um número considerável

CAPÍTULO I – O DIREITO PENAL DA EMPRESA E A TEORIA DA INFRACÇÃO PENAL

pectiva do interesse tutelado, a acumulação seria ainda um subtipo de perigo abstracto. Há, no entanto, autores que concebem os delitos cumulativos, num outro plano da teoria da infracção penal, como forma de contribuição para resultado lesivo e, portanto, no contexto da teoria da imputação do aconteci-mento criminoso ao agente. Neste sentido, a acumulação corresponderia, para os bens jurídicos colectivos, a um equivalente material à ideia de causalidade[40].

Não obstante a figura do delito cumulativo ter a sua origem na tutela do ambiente, cedo alcançaria incriminações que integram o direito penal da empresa, discutindo-se, por exemplo, se o pensamento cumulativo está na base ou fundamenta incriminações que tutelam a confiança em bem jurídi-cos de natureza sistémica, como o sistema de valores mobiliários, o sistema económico, o sistema fiscal ou o sistema financeiro[41].

3.2.2 A constituição de assistente

A tutela de interesses colectivos coloca problemas também no plano proces-sual, por exemplo, perante a questão de saber quem pode assumir a veste de assistente em processo penal. Em causa está a interpretação da alínea *a)* do artigo 68.º do CPP que reconhece o direito à constituição de assistente ao ofendido. O ofendido é, neste sentido, o titular dos interesses protegi-dos pela norma que, tradicionalmente, a doutrina faz coincidir com a pessoa imediatamente ofendida pelo crime: o "sujeito passivo do crime"[42]. Todavia, a interpretação desta norma ganha uma especial complexidade quando refe-rida a incriminações que tutelam bens jurídicos de natureza supra-individual

---

de pessoas adoptar aquela conduta que considerada em si mesma não é idónea a provocar um dano, mas que ao ser realizada por um número suficientemente elevado de pessoas lesa o interesse público, cf. *Harm to Others. The Moral Limits of the Criminal Law*, New York/Oxford: Oxford University Press, 1984, p. 226.

[40] Cf. Roland Hefendehl, "Debe ocuparse el Derecho Penal de Riesgos Futuros? Bienes Jurídicos Colectivos y Delitos de Peligro Abstracto", *Anales de Derecho*, n.º 19 (2001), p. 148.

[41] A título de exemplo sobre esta discussão, veja-se Rafael Alcácer Guirao, "La protección del futuro y los daños cumulativos", *ADPCP*, tomo LIV (2001), p. 143-174, e "'What if everybody did it?': sobre a '(in)capacidade de ressonância' do Direito Penal à figura da acumulação", *RPCC*, ano 13 (2003), p. 303-345.

[42] Este conceito estrito de ofendido tem ampla tradição no direito processual penal portu-guês, cf. Jorge de Figueiredo Dias, "Da legitimidade do sócio de uma sociedade por quotas para se constituir assistente em processo crime contra a sociedade", *RDES*, Ano XIII, 1966, p. 17.

QUESTÕES FUNDAMENTAIS DE DIREITO PENAL DA EMPRESA

ou colectiva, dada a impossibilidade em individualizar o concreto titular do interesse protegido e, consequentemente, aquele que de forma imediata foi afectado pelo crime.

Esta é uma questão transversal ao direito penal que tem vindo a ser enfrentada pela jurisprudência penal, mas que ganha forte significado no âmbito da criminalidade da empresa, *e. g.*, no âmbito de um crime societário (artigos 509.º e ss. do CSC) podem a sociedade, os sócios, os gerentes (ou mesmo os credores, os fornecedores, os clientes...) que se sintam prejudicados pelo facto criminoso adquirir a qualidade de assistente no processo penal? Pode a sociedade prejudicada por um crime de manipulação de mercado constituir-se como assistente?

Os tribunais têm vindo a confrontar-se com esta questão particular no âmbito dos crimes de manipulação de mercado (artigo 379.º do CVM[43]) e de infidelidade (artigo 224.º do CP). A recusa em reconhecer-se à sociedade ou aos sócios prejudicados a possibilidade de se constituírem assistente no processo penal tem levantado dúvidas sobre a conformidade constitucional de uma tal interpretação do artigo 68.º do CPP. O Tribunal Constitucional, chamado a pronunciar-se, entendeu, no acórdão n.º 162/2002, de 17 de Abril, não ser inconstitucional a interpretação daquela norma no sentido de não admitir como assistente a sociedade por quotas prejudicada pela prática de um crime de manipulação do mercado, por não ser ela a titular do interesse protegido, a saber, o regular e transparente funcionamento do mercado de valores mobiliários. No mesmo acórdão, reconhece-se porém a legitimidade do ente colectivo, cujo património foi lesado pela actuação criminosa, para se constituir assistente pelo crime de infidelidade visto ser agora o titular do bem jurídico (patrimonial) protegido[44].

---

[43] O crime de *Manipulação de mercado* tem a sua origem primária no crime de *Manipulação fraudulenta de cotações de títulos*, um crime societário previsto na sua versão primeira no artigo 525.º do CSC. Juntamente com o crime de *Abuso de informações* previsto no artigo 524.º do CSC, o crime de *Manipulação fraudulenta de cotações de títulos* seria revogado pelo Decreto-lei n.º 142-A/91, de 10 de Abril, que aprovou o Código do Mercado de Valores Mobiliários e que nos seus artigos 666.º e 667.º criminalizava, respetivamente, o *Abuso de informação* e a *Manipulação do mercado*.

[44] Na mesma linha, o acórdão do Tribunal Constitucional n.º 145/2006, de 22 de Fevereiro, considera não ser inconstitucional a interpretação do artigo 68.º do CPP que recusa a qualidade de assistente ao sócio minoritário de uma sociedade comercial por quotas no processo

CAPÍTULO I - O DIREITO PENAL DA EMPRESA E A TEORIA DA INFRACÇÃO PENAL

As restrições legais ao acesso à qualidade de assistente, assentes num conceito estrito de ofendido enquanto titular do bem jurídico protegido, encontram a sua razão de ser na amplitude de poderes reconhecidos àquele sujeito processual, procurando preservar o processo penal de uma desmedida abertura que possibilite instrumentalizações indevidas da justiça penal[45]. Deste modo, o assistente, enquanto sujeito processual penal, não pode confundir-se, pelos poderes processuais que lhe são conferidos, com aquele que é lesado nos seus interesses e que para a sua reposição tem ao dispor os mecanismos próprios do direito civil. Por conseguinte, através do artigo 68.º do CPP procurou limitar-se a constituição de assistente àqueles que tenham sido directamente afectados pelo crime e que, por essa razão, têm um efectivo interesse em participar na aplicação e na realização do direito.

Acrescente-se todavia que este conceito estrito de ofendido para efeitos de constituição de assistente processual tem vindo a ser alargado pela jurisprudência a casos em que o interesse particular e individualizado se encontra ainda sob a tutela da norma incriminadora construída em torno da tutela de um bem jurídico supra-individual[46].

criminal por infidelidade que corre contra o sócio-gerente. Este entendimento merece em abstracto a nossa concordância. Em causa está um bem jurídico de titularidade individualizada que coincide com o acervo patrimonial da sociedade. Ora, o titular do interesse tutelado é a própria sociedade comercial e não o sócio. Porém, no caso da sociedade por quotas, temos algumas reservas em excluir de forma automática os "quotistas" da titularidade do bem jurídico patrimonial (de natureza individual) tutelado pelo crime de infidelidade. É assim pela peculiar natureza deste tipo de sociedade comercial, situada entre uma sociedade de pessoas e uma sociedade de capitais. Nestas situações, o modelo em abstrato de sociedade por quotas oferecido pelo legislador, bem como a concreta modelação seguida pelos quotistas, em particular quanto à gestão e responsabilidade patrimonial da sociedade, não são alheios à determinação da titularidade do património enquanto bem jurídico protegido pelo crime de infidelidade, tipificado no artigo 224.º do CP. Esta nossa posição foi já defendida em *Código das Sociedade Código das Sociedades Comerciais em Comentário* (coord. Jorge M. Coutinho de Abreu), Vol. VII, p. 412, nota 34, com referências adicionais.

[45] Cf. Jorge de Figueiredo Dias, "Da legitimidade do sócio de uma sociedade por quotas para se constituir assistente em processo por crime contra a sociedade", *RDES*, Ano XIII (1966), nº 1-2, p. 5-37 (sep.) 1966, p. 21. Em sentido crítico quanto ao conceito estrito de ofendido, com adicionais referências bibliográficas, Paulo de Sousa Mendes, *Código das Sociedades Comerciais Anotado, op. cit.*, p. 1341, notas 50 e 51.

[46] Neste sentido, o STJ admitiu, no acórdão n.º 1/2003, de 16 de Janeiro, que nos casos em que a falsificação de documento seja levada a cabo com intenção de causar prejuízo a outra pessoa, esta se possa constituir como assistente no processo penal; ou ainda, no acórdão

QUESTÕES FUNDAMENTAIS DE DIREITO PENAL DA EMPRESA

Há casos, em especial no contexto empresarial, em que não obstante a natureza colectiva do interesse protegido pela incriminação se deve admitir que a empresa possa aceder ao estatuto de sujeito processual[47]. Pensamos de modo particular nos crimes societários (artigos 509.º a 529.º do CSC), apesar da natureza supra-individual do bem jurídico tutelado, coincidente com o correcto funcionamento da sociedade comercial enquanto centro aglomerador de diversos interesses económicos e instrumento jurídico capaz de intervir na economia. Uma concepção estrita de ofendido exclui quer a sociedade quer aqueles que a integram ou que com ela se relacionam (sócios, trabalhadores, credores, fornecedores, clientes) do âmbito do direito à constituição como assistente em processo penal. Todavia, seguindo em parte a tendência da jurisprudência portuguesa em flexibilizar este conceito estrito de ofendido em incriminações voltadas para a tutela de bens jurídicos de natureza colectiva e admitindo a possibilidade daquele que é directamente afectado pela prática do crime se constituir assistente, será de considerar a possibilidade de a própria sociedade comercial, enquanto ente directamente atingido pela prática do crime societário, se constituir assistente, uma vez que é sobre ela, enquanto instrumento da prática do crime, que recai em primeira instância a actuação criminosa.

Deste modo, a concreta sociedade comercial é o substrato que confere representatividade ao valor tutelado. Quanto a terceiros (*v. g.*, sócios, clientes, credores, fornecedores), ainda que sejam afectados de forma mediata pelo facto criminoso, devem ter-se, por regra, afastados do círculo daqueles que se podem constituir assistente em processo penal e, por essa via, aceder ao amplo conjunto de direitos reconhecidos a este sujeito processual[48].

n.º 8/2006, de 12 de Outubro, que aquele que é caluniado através de uma denúncia caluniosa se possa constituir como assistente; ou, mais recentemente, no acórdão n.º 10/2010, de 17 de Novembro, que o requerente da providência cautelar se possa constituir assistente no processo por crime de desobediência qualificada decorrente da violação de providência cautelar.

[47] Questão diferente é a de saber se uma pessoa colectiva (*v. g.*, associações) pode ascender ao estatuto de sujeito processual penal, exercendo poderes de conformação da tramitação processual, em nome de um interesse público – questão, entre nós, já discutida, no início do século XX, por Caeiro da Mata, "Subsídios para a reforma do processo criminal português", *BFD,* Ano 1 (1914), n.º 4, p. 135.

[48] Em sentido contrário, defendendo uma concepção mais ampla de assistente no âmbito dos crimes societários, Paulo de Sousa Mendes, *Código das Sociedades Comerciais Anotado, op. cit.*, p. 1341.

3.3 Responsabilidade criminal pelo produto

A expressão *responsabilidade criminal pelo produto* emprega-se para fazer referência à responsabilidade penal dos produtores ou distribuidores de bens de consumo pela lesão ou colocação em perigo de interesses juridicamente valiosos dos consumidores (como a vida, a saúde ou a segurança), decorrente da normal utilização dos bens destinados à satisfação das suas necessidades. Todavia, com esta designação pretende-se também abarcar uma série de novos problemas jurídicos colocados ao direito penal pelo desenvolvimento e crescente complexidade da moderna sociedade de consumo, seja no plano da imputação de resultados desvaliosos, seja no domínio da omissão e das fontes do dever de garante ou no domínio da comparticipação criminosa[49].

Dito de uma forma breve e algo genérica, trata-se da questão de saber em que medida o produtor ou distribuidor podem ser responsabilizados criminalmente pela ofensa aos interesses dos consumidores. Com efeito, a lesão de bens jurídicos por via da produção e comercialização de produtos ganhou uma nova dimensão no contexto da sociedade contemporânea, tecnologicamente avançada e assente, do ponto de vista económico, na produção e distribuição generalizada e difusa de bens. Neste novo cenário, o dano individual do produto multiplica-se agora por um elevado número de consumidores e transforma-se em dano duplamente anónimo: disfarçado na sua origem por complexos processos de produção e distribuição, e pulverizado nas suas consequências por um número elevado e indeterminado de consumidores.

A casuística referente à responsabilidade criminal pelo produto exigiu ao direito penal um esforço de adaptação das estruturas dogmáticas clássicas. Em particular o paradigma da imputação de um resultado a uma conduta encontra nesta matéria um conjunto renovado de dificuldades, ligadas de forma imediata ao contexto empresarial e de inovação tecnológica em que se realiza a lesão de bens jurídicos fundamentais. É assim, desde logo, porque no âmbito da produção de bens se cruza uma diversidade de agentes e de condutas, inerentes à estrutura empresarial e de mercado, que dificultam um juízo de imputação

---

[49] Sobre estes e outros problemas, com adicionais referências bibliográficas sobre o tema, Susana Aires de Sousa, A *Responsabilidade Criminal pelo Produto e o* Topos *Causal em Direito Penal. Contributo para uma Protecção Penal de Interesses do Consumidor*, Coimbra: Coimbra Editora, 2014, em especial, p. 170 e ss.

individual (como claramente deixam antever casos que se tornaram célebres nesta matéria como os casos *Lederspray, Monza Steel*, Óleo de Colza ou Álcool Adulterado); mas também porque, com frequência, a realização do evento danoso se dá num contexto de inovação e desenvolvimento tecnológico que aumenta a dificuldade em fundamentar cientificamente a explicação causal (como mostram de forma clara os casos *Contergan* ou *Degussa*). Por conseguinte, as hesitações na afirmação de um critério capaz de aferir da relação de causalidade entre um produto e as ofensas sofridas pelos seus consumidores ganham uma enorme complexidade no contexto da produção empresarial.

Os delitos clássicos de resultado (como o *Homicídio* ou as *Ofensas à integridade física*) não são suficientes para acautelar os interesses do consumidor, devendo reconhecer-se, neste contexto, a emergência de novos bens jurídicos de natureza supra-individual ou colectiva[50].

Em um estudo aprofundado sobre esta problemática tivemos oportunidade de concluir que o ordenamento jurídico português revela vazios punitivos que carecem de revisão legislativa em matéria de protecção dos interesses dos consumidores. Entre as debilidades encontradas destaca-se a não punição da produção ou comercialização de bens perigosos para os consumidores que não tenham natureza alimentar ou medicinal, ou a ausência de tutela penal quanto a medicamentos que não detenham as qualidades fundadamente esperadas pelo consumidor. De referir ainda a existência de um vazio punitivo num juízo comparativo entre o artigo 282.º do Código Penal (*Corrupção de substâncias alimentares ou medicinais*) e o artigo 24.º do Decreto-Lei n.º 28/84 (*Crime contra a genuinidade, qualidade ou composição de géneros alimentícios e aditivos alimentares*) que tem vindo a ser denunciado pela doutrina e pela prática jurisprudencial[51]. Da combinação destas duas normas resulta que o sistema pune actualmente a produção (e comercialização) de géneros alimentícios anormais nocivos à saúde quando deles decorrer um perigo concreto para a

[50] Neste sentido, Augusto Silva Dias, *Ramos Emergentes do Direito Penal Relacionados com a Protecção do Futuro*, Coimbra: Coimbra Editora, 2008, p. 70 e ss., p. 73.

[51] Cf. José de Faria Costa / Susana Aires de Sousa, "A interpretação do tipo legal de crime à luz do princípio da legalidade: reflexão a propósito dos bens alimentares perigosos para a saúde e vida humanas. Anotação ao Acórdão do TRC de 2 de Maio de 2007", *RLJ*, Ano 144 (Jan.-Fev. 2015), N. 3990, p. 198-215, e Susana Aires de Sousa, "Comentários a propósito do crime de Corrupção de substâncias alimentares ou medicinais: uma apreciação crítica", *Revista do Centro de Estudos Judiciários*, 2014-II (ano ed. 2015), p. 55-81.

CAPÍTULO I – O DIREITO PENAL DA EMPRESA E A TEORIA DA INFRACÇÃO PENAL

vida e a integridade física; também se incrimina a produção e comercialização de géneros alimentícios anormais que não ponham em perigo aqueles bens jurídicos; mas caem no vazio punitivo as condutas de produção e comercialização de géneros alimentícios susceptíveis ou idóneas a lesar aqueles bens. Deste modo, punem-se as condutas extremas, ignorando-se a perigosidade que medeia entre esses limites.

Assim, é por demais evidente a necessidade de uma revisão legislativa no âmbito da protecção dos consumidores. É nossa convicção que muitos dos problemas enunciados se resolveriam de forma cirúrgica com pequenas modificações em normas já existentes. Um alteração do artigo 282.º poderia auxiliar na resolução de algumas das lacunas anteriormente apontadas, construindo-se a norma como um crime de aptidão em torno da perigosidade da conduta de produção, distribuição ou comercialização de bens e serviços susceptíveis de, em condições de uso normal e atendendo aos riscos compatíveis com a sua utilização, lesar a saúde ou a segurança de outrem[52].

3.4 Autoria e comparticipação

Na relação de tensão entre o chamado direito penal da empresa e a teoria da infracção criminal ganha particular relevância e autonomia o problema da autoria criminosa. É assim tanto no plano da responsabilidade das pessoas

---

[52] Transcrevemos uma proposta de redacção que apresentámos para o artigo 282.º em *Responsabilidade pelo Produto..., op. cit.*, p. 641 e s.:
Artigo 282.º Produção, distribuição ou comercialização de bens e serviços
1. *Quem produzir, armazenar, distribuir, comercializar ou transaccionar por qualquer forma bens destinados ao consumo alheio susceptíveis de, em condições de uso normal e desconsiderando os riscos compatíveis com essa utilização, lesar a saúde ou segurança de outrem, será punido com pena de prisão de 1 a 5 anos.*
2. *A mesma pena será aplicável:*
a) a quem fornecer bens ou serviços utilizando substâncias ou materiais proibidos ou não autorizados, ou em quantidades proibidas ou não autorizadas, susceptíveis de lesar a saúde ou a segurança de outrem;
b) a quem produzir, armazenar, distribuir, comercializar ou transaccionar por qualquer forma produtos, objectos de uso ou serviços, em violação das regras técnicas em geral reconhecidas, susceptíveis de lesar a saúde ou a segurança das pessoas;
c) a quem, dedicando-se a alguma das actividades referidas no número anterior e após ter tido conhecimento do carácter perigoso do bem ou após intimação da autoridade competente, não adoptar as medidas necessárias para pôr fim àquele estado de perigosidade.
3. *Se as condutas previstas nos números anteriores forem realizadas por negligência, será aplicável ao agente pena de prisão até 1 ano ou pena de multa até 240 dias.*

individuais que integram a organização empresarial, como por via do reconhecimento de uma nova modalidade de autoria criminosa à própria pessoa colectiva.

Com efeito, o direito penal de empresa põe em evidência as dificuldades dogmáticas para estabelecer a autoria e a participação nos crimes cometidos através de uma organização[53]. De especial complexidade é a imputação individual de responsabilidades aos órgãos de direcção da empresa, tendo sido justamente esta dificuldade uma das razões justificativas para a consagração legislativa, em alguns ordenamentos jurídicos, da responsabilidade criminal da pessoa colectiva[54]. Esta especial complexidade, quer da autoria da pessoa individual, quer da autoria do ente colectivo, justifica a sua consideração de forma independente e desenvolvida nos capítulos seguintes.

---

[53] Sobre o tema, entre nós, Anabela Miranda Rodrigues, "Artigo 279.º", *Comentário Conimbricense do Código Penal*, Tomo II, Coimbra: Coimbra Editora, 1999, p. 954 e ss.; Augusto Silva Dias, *Ramos Emergentes do Direito Penal...*, *op. cit.*, p. 211 e ss.; Susana Aires de Sousa, "A responsabilidade criminal do dirigente: algumas considerações acerca da autoria e comparticipação no contexto empresarial", *Estudos em Homenagem ao Prof. Doutor Jorge de Figueiredo Dias, Boletim da Faculdade de Direito, Stvdia Ivridica 98*, Vol. II, 2009/2010, Coimbra, p. 1005-1037.

[54] Neste sentido, Joachim Vogel, "La responsabilidad penal por el producto en Alemania: situación actual y perspectiva de futuro", *RP*, n.º 8 (2001), p. 104. O autor considera que, nos casos em que a responsabilidade criminal se diluiu por estarem disseminados entre várias pessoas os conhecimentos e o poder de decisão, não seria "desacertado" sancionar a pessoa jurídica como sujeito da irresponsabilidade organizada. Em nota de pé de página (n.º 74), o autor acrescenta, incluindo referências doutrinais e jurisprudenciais, que "a tese de que as pessoas jurídicas não podem ser sancionadas por carecerem de capacidade de acção e de culpa não corresponde à situação actual".

CAPÍTULO II
A RESPONSABILIDADE DOS ADMINISTRADORES

1. Considerações introdutórias

Neste capítulo toma-se como objecto de análise o problema da imputação individual de factos criminosos, realizados no núcleo empresarial, àqueles que exercem funções de direcção e administração (em sentido amplo, administradores, directores, mas também directores gerais ou CEO – *Chief Executive Officers*). Em causa está uma problemática, com alguma complexidade, que tem vindo a ganhar renovado interesse jurídico, mas também social, pelos efeitos sentidos e causados por grandes escândalos empresariais: basta pensar em empresas como a Parmalat e a Siemens na Europa, a Enron, a Arthur Andersen, a Lehman-Brothers, a Bernard Madoff Investment Securities, na América do Norte, a Petrobás e a Odebrecht no Brasil, ou casos vários do sector bancário em Portugal.

É certo, porém, que a criminalidade empresarial não é um fenómeno de hoje. O abuso da forma empresarial para desviar bens da sociedade, ou para incrementar lucros dos seus accionistas e proveitos dos seus dirigentes existe desde o momento em que se criou a própria figura jurídica da sociedade comercial – é neste contexto que surgem e se tipificam, por exemplo, na Europa, os primeiros crimes societários. Este direito penal das sociedades comerciais tem mais de um século e meio de existência. Embora se aponte normalmente como seu início as leis francesas de 17 de Julho de 1856 e 24 de Julho de 1867,

QUESTÕES FUNDAMENTAIS DE DIREITO PENAL DA EMPRESA

foi nos Estados Unidos e na Inglaterra, países onde a industrialização avançava a largos passos, que mais cedo se iniciou a reforma das sociedades comerciais e a aplicação de sanções punitivas aos responsáveis pela sua gestão[55].

Contudo, as últimas décadas trouxeram grandes alterações. A evolução do último século trouxe mudanças com o surgimento de grandes empresas, de sociedades multinacionais, com novos modelos de organização[56] com uma estrutura fortemente organizada e complexa, cujos efeitos de uma má gestão são potenciados em grande escala pelo contexto de globalização trazido pelas últimas décadas século XX. Não só o alcance das grandes empresas se globalizou como, de outro passo, se ganhou uma consciencialização, dir-se-ia até uma "subjectização", do dano associado à empresa.

Na verdade, está hoje mais longínquo o tempo em que a comunidade se mostrava alheia e tolerante aos actos ilícitos de má gestão ocorridos no mundo dos negócios e em particular no interior das empresas. A considerável dimensão adquirida pelas grandes empresas e o impacto externo, de carácter económico, mas também social, causado por uma gestão ilícita da sociedade e pela ruptura financeira de empresas com enorme dimensão económica e social fizeram despertar o interesse da comunidade na sua correcta administração.

Assim, à dimensão objectiva dos danos económicos e sociais causados pela má gestão, associa-se também uma *dimensão subjectiva* concretizada em uma maior consciência colectiva das consequências negativas decorrentes de actos de má gestão empresarial, de alguma forma amplificadas, nos últimos anos, por uma intensa divulgação através dos meios de informação e de comunicação social de situações fraudulentas em empresas de grande dimensão e de enorme importância social. Deste modo, uma intervenção punitiva mais

---

[55] Quanto à Inglaterra, o *Fraudulent Trustees Act* de 1857 e o *Larceny Act* de 1861. Uma análise desta evolução histórica pode ver-se em José Manuel Merêa Pizarro Beleza, "Direito penal das sociedades comerciais", *in*: *DPEE*, Vol. II., Coimbra: Coimbra Editora, 1999, p. 101 e ss. Também, Susana Aires de Sousa, "Direito penal das sociedades comerciais: qual o bem jurídico?", *in*: *DPEE*, Vol. III., Coimbra: Coimbra Editora, 2009, p. 435-459.

[56] Silva Sánchez aponta quatro modelos de organização empresarial, atendendo ao seu grau de complexidade: simples ou linear; funcional; divisional e matricial. À medida que a organização empresarial se afasta do modelo mais simples (em que há um único superior hierárquico ou empresário) o exercício das funções de gestão reparte-se entre vários sujeitos, aumentando a sua complexidade, cf. *Fundamentos del Derecho Penal de la Empresa...*, *op. cit.*, p. 93.

CAPÍTULO II – A RESPONSABILIDADE PENAL DOS ADMINISTRADORES

eficaz no plano da gestão fraudulenta da sociedade comercial tem vindo a ser reclamada também pela opinião pública.

Todavia, a responsabilização em modelos de gestão repartida, de forma mais ou menos intensa, realiza-se num contexto de difícil permeabilidade às categorias e princípios clássicos do direito penal.

Com efeito, é evidente que o cenário empresarial das grandes empresas, assente, por um lado, numa estrutura complexa e hierárquica, e por outro, na divisão do trabalho, potencia a separação entre a origem da decisão criminosa e os responsáveis pela sua execução. Deste modo, torna-se cada vez mais problemático imputar individualmente os factos desvaliosos e criminalmente relevantes. Como refere Schünemann, a descentralização das decisões (e da sua execução) nas empresas hodiernas comporta o risco de converter a organização da responsabilidade em irresponsabilidade organizada[57]. Categorias dogmaticamente estruturantes da Parte Geral do Direito Penal, por exemplo em matéria de concurso de pessoas e de imputação de resultados, são agora confrontadas com um novo cenário de pluralidade de pessoas, de vários intervenientes na realização criminosa, de condutas perigosas mas impostas pela concorrência económica – e portanto um cenário longínquo dos quadros reais que motivaram a construção de figuras como a autoria mediata, a co--autoria ou a instigação[58].

Pode o direito penal responder, com estas categorias, às exigências de punição comunitariamente reclamadas sem abdicar dos seus princípios norteadores? Este fenómeno esteve na origem de uma forte discussão doutrinal, quer sobre a imputação individual da responsabilidade criminal, quer, por outro lado, sobre a necessidade político-criminal de responsabilização e de autofiscalização criminal do próprio ente colectivo. Procura-se em seguida averiguar da suficiência e da actualidade dos princípios e figuras clássicos vigentes em matéria de autoria e comparticipação, dando especial atenção às

---

[57] Cf. *Delincuencia Empresarial: Cuestiones Dogmáticas y de Política Criminal*, Buenos Aires: Fabian J. Di Plácido, 2004, p. 25.

[58] A ciência penal, assim como os seus quadros normativos e sistemáticos, designadamente em matéria de imputação, desenvolveu-se sob a égide de um paradigma individual. Ora, os problemas colocados pelo direito penal de empresa correspondem justamente a um outro paradigma que podemos designar de social ou organizacional – que obriga no mínimo a repensar as categorias clássicas do direito penal –, enquanto reflexo das alterações no mundo social e económico.

QUESTÕES FUNDAMENTAIS DE DIREITO PENAL DA EMPRESA

formas de imputação do facto aos administradores ou superiores hierárquicos. Tomando este problema como núcleo essencial deste capítulo, percorrem-se três grandes questões essenciais no contexto da criminalidade empresarial: a delimitação da autoria dolosa por acção do dirigente empresarial; o problema da autoria e comparticipação em crimes específicos; a relevância da autoria por omissão e do dever de garante do dirigente empresarial.

O nosso propósito é mostrar, relativamente a cada uma destas questões, os principais problemas que se colocam quanto à autoria criminosa e à pluralidade de agentes, procurando, em seguida, esboçar possíveis soluções. Uma das respostas que tem vindo a ser ensaiada, quer na doutrina, quer na jurisprudência, quer mesmo em propostas legais, foi a da criação de formas jurídicas de imputação que permitissem uma responsabilização para cima e, como tal, respondessem às exigências objectivas e subjectivas de responsabilização dos administradores.

2. O fim do milénio e a tendência de responsabilização "para cima"

O final do milénio acentuou a tendência em alguma literatura europeia e internacional de responsabilizar em primeira linha os órgãos de direcção, isto é, de responsabilizar o máximo possível "para cima"[59].

a) Uma das primeiras manifestações nesse sentido foi o artigo 12.º do *Corpus Iuris 2000*, na versão de Florença[60], onde se previa a responsabilidade criminal do director da empresa ou da pessoa que exerça poderes de decisão ou de controlo na empresa por actos cometidos por aqueles que actuam sob a sua autoridade caso não tenha exercido

[59] Cf. Bernd Schünemann, "Responsabilidad penal en el marco de la empresa. Dificultades relativas a la individualización de la imputación", *Anuario de Derecho Penal y Ciencias Penales*, Vol. LV (2002), p. 11.

[60] Em causa estava um conjunto de princípios fundamentais, em direito e processo penal, para a protecção de interesses financeiros da União Europeia, elaborado por professores e peritos em direito penal, coordenados pela Prof. Doutora Mirelle Delmas-Marty. Pode consultar-se a fundamentação, a finalidade e a motivação deste projecto na nota preambular publicada no estudo organizado por M. Delmas-Marty / J. Varvaele, *L' atuazzone del Corpus Juris negli Stati Membri*, disponível em https://dspace.library.uu.nl/handle/1874/5023.

40

CAPÍTULO II – A RESPONSABILIDADE PENAL DOS ADMINISTRADORES

devidamente a vigilância e controlo que lhe é devido[61]. Ainda no contexto dos crimes do direito penal internacional surge-nos a figura da *"superior responsability"*, nos termos da qual se "responsabiliza o superior por não actuar de modo a prevenir a conduta criminal dos seus subordinados"[62]. O artigo 28.º do Estatuto do Tribunal Penal Internacional refere-se justamente à responsabilidade criminal dos chefes militares e outros superiores hierárquicos por actos praticados por aqueles que estão sob o seu comando[63]. Ambas as disposições

---

[61] Transcreve-se, de seguida, o referido artigo na versão francesa, em uma das primeiras versões publicadas daquele documento: "1. Au cas où l'une des infractions définies ci-dessus (articles 1 à 8) a été commise pour le compte de l'entreprise par une personne soumise à leur autorité, sont également responsables pénalement *les chefs d'entreprise et toute autre personne ayant le pouvoir de décision ou de contrôle au sein d'une entreprise qui, en connaissance de cause, ont laissé commettre l'infraction* (itálico nosso). 2. Il en va de même pour tout officier public qui, en connaissance de cause, laisse commettre une infraction définie aux articles 1 à 8 par une personne travaillant sous sa responsabilité. 3. Si l'une des infractions aux articles 1 à 8 est commise par une personne soumise à leur autorité, sont également responsables pénalement les chefs d'entreprise et toute autre personne ayant le pouvoir de décision ou de contrôle au sein d'une entreprise s'ils n'ont pas exercé le contrôle nécessaire et si ce manque de contrôle a facilité l'accomplissement de l'infraction".

[62] Kai Ambos, "Superior Responsibility", *The Rome statute of the international criminal court: a commentary* (Antonio Cassese, Paola Gaeta, John R. W. D. Jones, eds.), Vol. 3, p. 823-872, Oxford, 2002, disponível em https://ssrn.com/abstract=1972189. Também Alaor Leite, "Domínio do fato, domínio da organização e responsabilidade penal por fatos de terceiros. Os conceitos de autor e partícipe na AP470 do Supremo Tribunal Federal", *in: Autoria como Domínio do Fato*, São Paulo: Marcial Pons, 2014, p. 146.

[63] O Estatuto do Tribunal Penal Internacional, ratificado pelo Decreto do Presidente da República n.º 2/2002, de 18 de Janeiro, e publicado no Diário da República de 18 de Janeiro de 2002, refere no artigo 28.º a responsabilidade dos chefes militares e outros superiores hierárquicos e dispõe o seguinte: "Para além de outras fontes de responsabilidade criminal previstas no presente Estatuto, por crimes da competência do Tribunal: *a*) O chefe militar, ou a pessoa que actue efectivamente como chefe militar, será criminalmente responsável por crimes da competência do Tribunal que tenham sido cometidos por forças sob o seu comando e controlo efectivos ou sob a sua autoridade e controlo efectivos, conforme o caso, pelo facto de não exercer um controlo apropriado sobre essas forças, quando: *i*) Esse chefe militar ou essa pessoa tinha conhecimento ou, em virtude das circunstâncias do momento, deveria ter tido conhecimento de que essas forças estavam a cometer ou se preparavam para cometer esses crimes; e *ii*) Esse chefe militar ou essa pessoa não tenha adoptado todas as medidas necessárias e adequadas ao seu alcance para prevenir ou reprimir a sua prática ou para levar o assunto ao conhecimento das autoridades competentes, para efeitos de inquérito e procedimento criminal; *b*) Nas relações entre superiores hierárquicos e subordinados, não referidos na alínea *a*), o superior hierárquico será criminalmente responsável pelos crimes da

normativas referidas constituem expressão de uma responsabilização em primeira linha daqueles que dirigem ou controlam uma organização.

b) Como sublinha Schünemann[64], esta tendência foi igualmente manifestada no domínio jurisprudencial, desde logo através de decisões do *Bundesgerichtshof* alemão, ao pronunciar-se sobre a responsabilidade criminal de dirigentes do governo da República Democrática Alemã: no "caso Krenz", este tribunal admitiu pela primeira vez a autoria mediata, através do domínio da organização, de um dirigente da RDA, pela morte de pessoas que procuravam abandonar aquele país em direcção à Alemanha ocidental. Na mesma decisão, o tribunal aproveitou para sublinhar que a figura da autoria mediata, através do domínio da organização, serve igualmente para resolver "o problema da responsabilidade no âmbito da empresa económica"[65].

Esta mesma figura – o aparelho organizado de poder – viria a ser aplicada pela jurisprudência brasileira como forma de fundamentar a autoria daquele que tem o domínio de uma organização. Um dos

---

competência do Tribunal que tiverem sido cometidos por subordinados sob a sua autoridade e controlo efectivos, pelo facto de não ter exercido um controlo apropriado sobre esses subordinados, quando: *i*) O superior hierárquico teve conhecimento ou não teve em consideração a informação que indicava claramente que os subordinados estavam a cometer ou se preparavam para cometer esses crimes; *ii*) Esses crimes estavam relacionados com actividades sob a sua responsabilidade e controlo efectivos; e *iii*) O superior hierárquico não adoptou todas as medidas necessárias e adequadas ao seu alcance para prevenir ou reprimir a sua prática ou para levar o assunto ao conhecimento das autoridades competentes, para efeitos de inquérito e procedimento criminal". A extensão desta norma tem suscitado algumas críticas por parte de alguns autores como Bernd Schünemann, "Responsabilidad penal...", *op. cit.*, p. 12, nota 14. Sobre o artigo 28.º veja-se ainda, na literatura portuguesa, Ana Pais, *O Direito Penal e a Responsabilidade dos Superiores Hierárquicos*, Coimbra: Coimbra Editora, 2013, p. 92 e ss.

[64] "Responsabilidad penal...", *op. cit.*, p. 11.

[65] Trata-se da decisão do BGH de 26 de Julho de 1994, publicada em *BGHSt*, 40, p. 237. Contudo, a consideração da figura dos *aparelhos organizados de poder* numa decisão judicial, como forma de fundamentar o domínio do facto criminoso pelo autor mediato, havia já sido preconizada por outros tribunais: na Argentina, esta figura foi aplicada nas sentenças que condenaram os chefes das forças armadas por actos cometidos durante a ditadura militar, cf. mais desenvolvidamente, Patricia Faraldo Cabana, *Responsabilidad Penal del Dirigente en Estructuras Jerarquicas: la Autoría Mediata con Aparatos Organizados de Poder*, Valencia: Tirant lo Blanch, 2003, p. 32. Também Claus Roxin, *Strafrecht II*, München: Verlag C. H. Beck, 2003, p. 48.

CAPÍTULO II – A RESPONSABILIDADE PENAL DOS ADMINISTRADORES

exemplos mais mediáticos desta aplicação surge-nos na "Ação Penal 470" do Supremo Tribunal Federal que ficaria conhecida como "caso Mensalão", onde a ideia de domínio do facto através do domínio de uma organização foi usada para fundamentar a autoria criminosa de alguns agentes, designadamente daqueles que detinham "posição de destaque em estruturas organizacionais (no governo, em partidos políticos, em bancos)"[66]. Ainda no contexto brasileiro, a figura doutrinária dos "aparatos organizados de poder" pode vir a ganhar a forma de texto legal no âmbito da reforma prevista para o Código Penal. Com efeito, o artigo referente ao concurso de pessoas (artigo 38.º, n.º 1, al. *d)* do Anteprojecto de Código Penal, quer na primeira versão do PLS 236/2012 [67], quer na versão do artigo 35.º do substitutivo ao PLS 236/2012[68]) qualifica como autor, entre as modalidade de concurso

---

[66] Cf. Alaor Leite, "Domínio do fato, domínio da organização...", *op. cit.*, p. 145, estudo em que se faz uma análise crítica da aplicação da teoria do domínio do facto, na modalidade de domínio da organização.

[67] Apresenta-se a redação proposta no PLS 236/2012, na sua versão originária (disponível em *https://legis.senado.leg.br/sdleg-getter/documento?dm=3515262&disposition=inline*):
Artigo 38. Quem, de qualquer modo, concorre para o crime incide nas penas a este cominadas, na medida de sua culpabilidade.
§ 1º Concorrem para o crime:
I – os autores ou coautores, assim considerados aqueles que:
a) executam o fato realizando os elementos do tipo;
b) mandam, promovem, organizam, dirigem o crime ou praticam outra conduta indispensável para a realização dos elementos do tipo;
c) dominam a vontade de pessoa que age sem dolo, atipicamente, de forma justificada ou não culpável e a utilizam como instrumento para a execução do crime; ou
d) aqueles que dominam o fato utilizando *aparatos organizados de poder*.

[68] Versão modificada pelo Substituto ao PLS 236/2012:
"Artigo 35. Quem, de qualquer modo, concorre para o crime incide nas penas a este cominadas, na medida da sua culpabilidade.
§ 1º Consideram-se:
1- co-autores aqueles que:
a) Ofendem ou põem em risco o bem jurídico mediante acordo de condutas;
b) Mandam, promovem, organizam, dirigem o crime ou praticam outra conduta indispensável para a ofensa do bem jurídico;
c) Usam, como instrumento para a execução do crime, pessoa que age de forma atípica, justificada ou não culpável; ou
d) Usam *aparatos organizados de poder* para a ofensa de um bem jurídico.
2 – partícipes aqueles que:

de pessoas para a prática do crime, aqueles que "dominam o fato utilizando aparatos organizados de poder". Abordaremos *infra*[69], com mais pormenor, esta figura dos aparelhos organizados de poder como forma de fundamentar a responsabilidade do dirigente empresarial, quando nos referirmos à teoria do domínio do facto e à sua aplicação ao contexto empresarial.

c) No contexto mais amplo da responsabilização por actos ilícitos ocorridos na empresa, impõe-se uma referência à figura, surgida mais recentemente, do *Whistleblower*. A expressão significa, literalmente, o que assobia, no sentido de denunciar[70]. Este significado abrangente ganha, porém, um sentido mais concreto e específico no âmbito da prevenção e detecção dos ilícitos realizados na empresa. A figura está associada aos chamados canais de denúncia anónima, pressupostos pelos sistemas de autofiscalização da empresa como os programas de *compliance*. *Whistleblower* refere-se àquele que, sendo membro da empresa, denuncia práticas ilícitas ou pouco éticas, cometidas no contexto da empresa pela própria organização ou pelos seus membros, aos seus superiores, designadamente a órgãos específicos que detenham competência para receber aquelas denúncias ou mesmo às autoridades ou a terceiras pessoas[71].

Na sua configuração, este procedimento pode ser visto, de forma imediata, como um instrumento de denúncia dos actos realizados ou

---

a) não figurando como coautores, contribuem, de qualquer modo, para o crime; ou
b) deviam e podiam agir para evitar o crime cometido por outrem, mas se omitem.

[69] Ponto 3.2.

[70] Em sentido literal *whistleblower* é aquele que sopra o apito e, segundo Ramon Ragués i Vallés, a expressão tem a sua origem na analogia com os antigos polícias ingleses que faziam soar o seu apito para advertirem ou assinalarem a presença de um possível delinquente, cf. *Whistleblowing. Una Aproximación desde el Derecho Penal*, Madrid, Barcelona, Buenos Aires, São Paulo: Marcial Pons, p. 19

[71] Cf. Ramon Ragués i Vallés, *Whistleblowing...*, *op. cit.*, 2013, p. 20. A bibliografia sobre esta figura é hoje considerável. Sugere-se ainda, para uma compreensão mais prática, a leitura de Javier Puyol, *El Funcionamento Práctico del Canal de Compliance Whistleblowing*, Valencia: Tirant lo Blanch, 2017; ou em uma análise mais ampla, mas referindo-se também a esta figura na realidade alemã, Ulrich Sieber / Marc Engelhart, *Compliance Programs for the Prevention of Economic Crimes. An Empirical Survey of German Companies*, Max-Planck-Institut für ausländisches und internationales Strafrecht, Berlin, Dunker & Humblot, 2014, em especial as p. 68 e ss.

CAPÍTULO II – A RESPONSABILIDADE PENAL DOS ADMINISTRADORES

ordenados pelos órgãos superiores da empresa e, neste sentido, como instrumento de responsabilização dos quadros superiores da empresa, designadamente dos seus dirigentes.

Todavia, a evolução dos programas de *compliance* e de detecção de irregularidades no contexto empresarial revelou uma certa perversão deste mecanismo, possibilitando em alguma medida a transferência da responsabilidade para aqueles que ocupam uma posição de menor poder na empresa, designadamente para os respectivos empregados ou trabalhadores. Este efeito surge como consequência da negociação que pode estabelecer-se entre a empresa e as autoridades responsáveis pela investigação dos ilícitos empresariais (*v.g., Public Prosecution*), sobretudo em sistemas que privilegiam uma ideia de oportunidade como regra da promoção processual; este fenómeno ficaria conhecido, em especial na literatura americana, como *reverse whistleblowing* e tem lugar quando "uma organização, tipicamente através de actos dos seus dirigentes, identifica empregados como culpados e oferece prova contra eles em troca de um acordo ou de um possível perdão"[72].

Todos estes exemplos ilustram a dificuldade em imputar individualmente a responsabilidade por factos com relevância criminal ocorridos em estruturas organizadas como aquelas que são próprias da organização empresarial. Esta dificuldade tende a aumentar em empresas de maior dimensão dotadas de uma estrutura orgânica mais complexa. Todavia, uma responsabilização penal *bottom-up* não pode configurar-se em termos puramente objectivos com base no cargo desempenhado. Assim, há que averiguar em que medida esta tendência de responsabilizar para cima se compatibiliza com os princípios fundamentais do direito penal em matéria de autoria e comparticipação e, consequentemente, a partir de que momento se incorre no risco de uma responsabilidade criminal formal, puramente objectiva, decorrente da titularidade do cargo de administrador ou dirigente empresarial.

É assim necessário encontrar critérios jurídicos, fundados nos princípios que orientam uma intervenção penal legítima, que permitam delimitar as

---

[72] Cf. William S. Laufer, "Corporate Prosecution, Cooperation, and the Trading of Favors", *Iowa Law Review* 87 (2002), p. 648.

QUESTÕES FUNDAMENTAIS DE DIREITO PENAL DA EMPRESA

situações de autoria criminosa. No quadro empresarial, é preciso ainda verificar em que medida a descentralização dos processos de decisão e de acção no âmbito da organização (isto é, da empresa) retira ou não aos órgãos de direcção um efectivo e concreto domínio do acontecimento criminoso. Antecipando desde já uma conclusão, em empresas dotadas de uma estrutura complexa, o poder (limitado) de decidir pode não significar domínio sobre a organização, sob pena de se cair numa espécie de responsabilidade criminal meramente funcional no sentido de uma responsabilidade que decorre objectivamente do cargo atribuído e não do seu exercício material.

Contudo, também não deve esquecer-se que nem todas as empresas se estruturam de modo tão complexo. Na verdade, a possibilidade de aplicar à criminalidade empresarial os princípios relativos à autoria criminosa passa, segundo cremos, por uma análise acentuadamente casuística. Assim, uma primeira ideia a sublinhar, quanto a nós, é a de que não se pode partir das figuras jurídicas pré-estabelecidas para nelas encaixar a realidade dos acontecimentos, mas antes partir desta realidade e enquadrá-la juridicamente com base em critérios jurídicos. Esta será a metodologia que se procurará seguir na discussão deste problema.

Com efeito, julgamos que só caso a caso será possível determinar qual o papel desempenhado por cada um dos intervenientes e, em particular, averiguar da responsabilidade dos dirigentes da empresa e daqueles que nela trabalham. Neste sentido e de uma perspectiva metodológica, como ponto de partida da nossa análise tomam-se algumas situações problemáticas tendo por fim esboçar possíveis soluções em matéria de concurso de agentes na criminalidade empresarial.

i) Em primeiro lugar, considera-se o caso em que o subordinado, executor material, comete um delito a mando do superior, dirigente empresarial, actuando com dolo: *v. g.*, o trabalhador que efectua durante a noite, por ordem e segundo as indicações do seu superior, uma descarga poluidora no rio vizinho à empresa;

ii) Em segundo lugar, observe-se a hipótese em que o trabalhador executa por ordem do seu superior hierárquico um acto com relevância criminal que pressupõe a titularidade de um dever ou de uma determinada

CAPÍTULO II – A RESPONSABILIDADE PENAL DOS ADMINISTRADORES

qualidade para se ser autor, isto é, um crime específico: o trabalhador oculta na contabilidade da empresa, por ordem do seu superior, factos ou valores que deviam ser declarados tendo por fim evitar ou diminuir a prestação tributária devida a título de IRC.

iii) Em terceiro lugar, atenda-se à eventual responsabilidade criminal do dirigente empresarial em situações em que o trabalhador actua criminosamente no exercício das suas funções; em que termos se pode responsabilizar o dirigente pelo facto realizado pelo trabalhador? O caso, por exemplo, em que o trabalhador acondiciona de forma errada, violando os deveres de cuidado que sobre ele impendem, o alimento produzido pela empresa, o que determina a alteração da qualidade do produto nos termos do artigo 282.º do Código Penal.

Trata-se de uma escolha fragmentária, mas que é representativa de algumas questões de maior pertinência relativas à autoria e concurso de agentes no contexto empresarial. A partir delas procura-se explorar as dificuldades, os limites e também as soluções para a imputação do facto criminal àqueles que desempenham funções de administração no contexto empresarial.

3. Primeira questão: autoria e comparticipação em crimes dolosos por acção

3.1 A primeira hipótese introduz a questão de saber em que medida um dirigente empresarial pode responder pelos factos realizados, por sua ordem, pelos trabalhadores da empresa. Tomam parte na execução típica vários intervenientes que ocupam e desempenham diferentes contributos. É, pois, necessário analisar os diferentes papéis desempenhados por cada um dos intervenientes de forma a qualificá-los como autores ou como meros participantes na execução criminosa e, consequentemente, de modo a determinar "a forma e o quanto de punição para cada um deles"[73].

---

[73] Cf. Jorge de Figueiredo Dias, *Direito Penal, op. cit.*, p. 757.

QUESTÕES FUNDAMENTAIS DE DIREITO PENAL DA EMPRESA

A jurisprudência alemã[74] foi pioneira ao admitir a possibilidade de qualificar e punir aquele que domina a organização empresarial como autor mediato do acontecimento criminoso: é justamente neste contexto que ganha relevância a figura, anteriormente referida, dos *aparelhos organizados de poder* (*organisatorische Machtapparate*) na sequência dos estudos e das propostas do autor alemão Claus Roxin[75]. Todavia, na literatura penal foram vários os obstáculos e as reservas dirigidas à aplicação desta categoria à criminalidade empresarial, optando vários autores por referir aquelas estas situações aos quadros de outras modalidades de autoria comparticipada, como a co-autoria ou a indução à prática do crime.

Cabe assim considerar e analisar as diversas soluções que foram sendo apresentadas e discutidas na literatura penal no contexto da criminalidade de empresa. Na sua maioria, as propostas apresentadas têm na sua base, como critério de delimitação da autoria dolosa, a teoria do domínio do facto, impondo-se, como nota prévia e antecedente, algumas breves palavras com a finalidade de, em estilo muito breve, se retratarem os traços essenciais desta teoria[76].

---

[74] Veja-se nota 65, referente à decisão no "caso Krenz". Esta sentença não seria única, tendo o BGH pronunciado, pouco tempo depois, uma decisão no mesmo sentido onde analisa a conduta de um comandante de um regimento de tropas fronteiriças que dá ordem ao soldado sob o seu comando para disparar e matar, cf. BGH *NJW* (1996), p. 2042. O domínio da organização tem vindo a ser referido em outras em decisões do BGH, *v. g.*, 5 StR 145/03, de 26-08-2003; 2 StR 384/07, de 2-11-2007; e 5 StR 634/07, de 7-5-2008, todas disponíveis em http://www.bundesgerichtshof.de/.

[75] Para uma síntese das críticas dirigidas, em geral, à figura dos *aparelhos organizados de poder* e correspondente resposta, *vide* Claus Roxin, *Strafrecht II*, München: verlag C.H. Beck, 2003 p. 49, e, posteriormente, "El dominio de organización como forma independiente de autoría mediata", *Revista Penal 18* (2006), p. 243-244; "Organisationsherrschaft und Tatentschlossenheit", *in: Festschrift für Friedrich-Christian Schroeder zum 70. Geburtstag*, Heidelberg: CF Müller Verlag, 2006, p. 387 e ss.

[76] Nas origens dogmáticas desta figura aparecem autores como Welzel, Maurach, Gallas ou Hegler, mas seria Roxin a realizar um estudo sistemático e aprofundado desta problemática na sua obra de referência *Täterschaft und Tatherrschaft*, cuja primeira edição data de 1963, e que tem vindo a ser sucessivamente reeditada e acrescentada. A sétima edição alemã desta obra está traduzida em língua espanhola: *Autoría y Dominio del Hecho en Derecho Penal*, trad. Joaquín Cuello Contreras e José Luis Serrano González de Murillo, Madrid: Marcial Pons, 2000. A última versão alemã, correspondente à 9ª edição, é de 2015.

CAPÍTULO II – A RESPONSABILIDADE PENAL DOS ADMINISTRADORES

3.2 Muito embora na sua origem esta teoria tenha partido de uma base essencialmente subjectiva, por Lobe[77], é com Roxin e a sua monumental investigação dogmática, justamente intitulada *Autoria e Domínio do Facto*[78], que o conceito é largamente desenvolvido e se arvora em verdadeira teoria, afirmando-se como critério dominante na delimitação da autoria dolosa não só na doutrina alemã, mas alcançando também a doutrina espanhola, portuguesa e de diversos países latino-americanos[79].

Enquanto critério de delimitação da autoria dos crimes dolosos por acção, a teoria do domínio do facto combina elementos objectivos e subjectivos. O facto emerge como uma "unidade de sentido objectivo-subjectivo"[80]: na sua dimensão subjectiva, impõe-se como obra da vontade do agente que dirige o acontecimento, e, na sua dimensão objectiva, como fruto de uma contribuição objectiva pelo agente, dotada de um determinado peso e de um significado objectivo. *Autor* é quem "toma a execução nas suas próprias mãos", de tal modo que dele depende decisivamente o *se* e o *como* da realização típica porque tem e quer o controlo do acontecimento[81]. Nesta acepção, autor é a figura central do acontecimento criminoso, distinguindo-se daquele que, embora participando na execução criminosa, não controla o acontecimento nem o toma como seu (o participante ou cúmplice). Note-se que, na doutrina roxiniana, o domínio do facto tem o seu âmbito de aplicação limitado aos crimes dolosos de acção, os chamados crime de domínio (*Herschaftsdelikten*) que correspondem à esmagadora maioria dos crimes contidos na parte especial dos códigos penais e em legislação extravagante. Fora do seu alcance ficariam os crimes negligentes, os crimes de omissão, os crimes específicos e os crimes de mão própria.

---

[77] Sobre a história dogmática do conceito de domínio do facto veja-se Roxin, *Täterschaft und Tatherrschaft, op. cit.*, p. 60 e ss. Ainda, Jorge de Figueiredo Dias, *Direito Penal, op. cit.*, p. 766; Jorge de Figueiredo Dias / Susana Aires de Sousa, "Manda quem pode, obedece quem deve? Sobre o sentido e os limites da teoria do domínio do facto no contexto empresarial", *Quase noventa anos. Homenagem a Ranulfo de Melo Freire*, São Paulo, Editora Saraiva, 2013 p. 225, António Manuel de Almeida Costa, *Ilícito Pessoal, Imputação Objectiva e Comparticipação em Direito Penal*, Coimbra: Livraria Almedina, p. 282 e ss.

[78] Roxin, Täterschaft, *op. cit., passim*.

[79] Jorge de Figueiredo Dias / Susana Aires de Sousa, "Manda quem pode...", *op. cit.*, p. 225.

[80] Jorge de Figueiredo Dias, *Direito Penal, op. cit.*, p. 766.

[81] Cf. Claus Roxin, *Strafrecht, op. cit.*, p. 9 e ss., e, do mesmo autor, *Autoria y Domínio del Hecho...*, *op. cit.*, p. 368.

QUESTÕES FUNDAMENTAIS DE DIREITO PENAL DA EMPRESA

Há assim um *juízo de valoração*, pressuposto na aplicação do critério do domínio do facto, sobre o contributo e a vontade expressa pelo agente na execução do facto. Este juízo de valoração será tanto mais preciso quanto melhor se atenda às circunstâncias do caso. Assim, sem prejuízo do seu conteúdo material unitário, o domínio do facto pode, segundo Roxin, exercer-se de diferentes formas e fundar, por conseguinte, diferentes modalidades de autoria: o *domínio da acção* por parte do *autor imediato* que executa a acção típica; o *domínio da vontade* do executante, que actua em erro ou coagido, por parte do *autor mediato* que dele se serve como instrumento de realização típica; o *domínio funcional* do facto que constitui o sinal próprio da *co-autoria* na qual o agente decide e executa o facto em conjunto com outro ou outros.

Às situações típicas de autoria mediata por domínio da vontade do instrumento por erro ou coação, acrescenta ainda Roxin o domínio da vontade por via do domínio de um aparelho organizado de poder *(organisatorische Machtapparate*[82]*)* em que a autoria (mediata) do homem-de-trás (do "homem sentado à secretária") se fundamenta no "domínio da organização". Estes aparelhos ou organizações têm características bem definidas: trata-se de entidades estruturadas hierarquicamente e dotadas de forte disciplina interna, que actuam

[82] O autor limitou originariamente o domínio da organização às estruturas operantes à margem da lei, que poderiam enquadrar-se em dois grupos: os aparelhos de pressão ou força estadual (os crimes cometidos por polícias políticas como a Gestapo, a Stasi e, mesmo em Portugal, a PIDE/DGS) ou as organizações ou movimentos clandestinos que actuam à margem da ordem jurídica (a Mafia siciliana e a Camorra napolitana, a Yakusa japonesa, as tríades chinesas, os cartéis colombianos de Cali e Medellin, etc.). Cf. Claus Roxin, "Straftaten im Rahmen organisatorischer Machtapparate", *Goltdammer's Archiv für Strafrecht* (1963), p. 193 e ss.; *Autoría y Domínio del Hecho, op.cit.*, p. 276 e ss.; "Probleme von Täterschaft und Teilnahme bei der organisierten Kriminalität", *in: Festschrift für Gerald Grünwald*, Baden-Baden: Nomos Verlagsgesellschaft, 1999, p. 549 e ss.; e "El dominio de organización...", *op. cit*, p. 242 e ss. Também Maria da Conceição Valdágua, "Autoria mediata em virtude do domínio da organização ou autoria mediata em virtude da subordinação voluntária do executor à decisão do agente mediato", *in:* Liber Discipulorum *para Jorge de Figueiredo Dias*, Coimbra: Coimbra Editora, 2003, p. 657. Numa perspectiva crítica quanto à exigência, enquanto pressuposto de um aparelho organizado de poder, da actuação fora da ordem jurídica, veja-se Kai Ambos, "Dominio del hecho por dominio de voluntad en virtud de aparatos organizados de poder. Una valoración crítica y ulteriores aportaciones", *RDPC* (1999), p. 133-165, e, do mesmo autor, "Dominio por organización. Estado de la discusión", *RBCC 68* (2007), p. 69-111. Ainda sobre esta questão, criticamente, Francisco Muñoz Conde, "Domínio de la voluntad en virtud de aparatos de poder organizados en organizaciones "no desvinculadas del Derecho"?", *RP 6* (2000), p. 104-114.

CAPÍTULO II – A RESPONSABILIDADE PENAL DOS ADMINISTRADORES

fora da ordem jurídica (organizações criminosas, mafiosas), em que as ordens dadas se assumem de um modo quase "automático" para os que a elas pertencem, adquirindo estes a natureza de meros "instrumentos" que reagem de forma mecânica às ordens ou instruções dos seus chefes, demonstrando elevada disponibilidade à realização do facto[83]. São estas características – a hierarquização rígida da estrutura organizatória, a actuação da organização fora do quadro da ordem jurídica, a fungibilidade e disponibilidade do executor para a prática criminosa – que permitem atribuir ao homem de trás o domínio da organização e, consequentemente, determinar um fundamento para a sua autoria mediata.

Deste modo, segundo a proposta de Roxin, o concreto domínio do facto pelo agente há-de poder referir-se a uma destas três modalidades de autoria: imediata, mediata ou co-autoria[84]. Por sua vez, este critério remeteria para a participação em facto alheio, por ausência de domínio do facto, as condutas do instigador e do cúmplice.

Importa dar conta de que esta construção, que exclui a instigação do quadro da autoria, se afasta daquilo que tem vindo a ser a tradição legal no ordenamento jurídico português, no âmbito do qual aquele que determina outra pessoa à prática do crime surge normativamente enquadrado como autor. Não é este o contexto adequado a uma análise da evolução da figura da instigação[85], figura que em si mesmo nunca teve grande tradição em Portugal, tendo-se imposto na doutrina e literatura portuguesa por influência germânica[86]. Não obstante, a figura do instigador – entendida como aquele que determina outra pessoa à prática criminosa – acabaria por merecer expressa referência na última parte do artigo 26.º do CP português. E, na doutrina portuguesa,

[83] Sobre esta última característica, acrescentada posteriormente por Roxin em virtude da discussão doutrinária suscitada pela figura dos *aparelhos organizados de poder*, veja-se, da sua autoria, "El dominio de organización como forma independiente de autoría mediata", *R P 18* (2006), p. 246-247.

[84] Roxin, Claus, *Strafrecht II, op. cit.*, p. 19 e ss.

[85] Sobre esta evolução, com adicionais referência bibliográficas, Susana Aires de Sousa, " 'Contratado' para matar: o início da tentativa em situações de aliciamento (comentário ao acórdão do Tribunal da Relação do Porto de 10 de Fevereiro de 2016)", *RPCC Jan-Fev 2017*, Ano 27, n.º 1, p. 181 e ss.

[86] Cf. José de Faria Costa, "Formas do crime", *in: Centro de Estudos Judiciários – Jornadas de Direito Criminal. O Novo Código Penal Português e legislação complementar*, Lisboa: Centro de Estudos Judiciários, 1983, p. 172.

há quem conceba certas condutas de instigação como verdadeira autoria à luz da teoria do domínio do facto.

É justamente este o sentido da proposta de Jorge de Figueiredo Dias, acrescentando uma quarta figura às modalidades de autoria. Trata-se da *instigação-autoria*[87] à qual corresponderia uma outra forma de domínio do acontecimento criminoso pelo agente: aquela em que o homem de trás detém o domínio do facto em virtude de dominar a decisão do homem da frente. Ora, esta afirmação tem de ser interpretada de modo estreito uma vez que, para este efeito, autor, no sentido do artigo 26.º do CP português, é somente aquele que "produz ou cria de forma cabal (...) no executor a decisão de atentar contra um certo bem jurídico-penal através da comissão de um *concreto ilícito típico*; se necessário inculcando-lhe a ideia, revelando-lhe a sua possibilidade, as suas vantagens ou o seu interesse, ou aproveitando a sua plena disponibilidade e acompanhando de perto e ao pormenor a tomada de decisão definitiva pelo executor"[88]. O instigador possui deste modo – e em muitos casos tanto ou mais que o autor mediato ou o co-autor – o domínio do facto, agora e aqui sob a forma de domínio da decisão, na medida em que domina a decisão do instigado de cometer um concreto ilícito típico. De um ilícito, acrescente-se, que sendo embora obra pessoal do homem-da-frente, faz aparecer o acontecimento (também ou sobretudo) como obra do instigador.

Excluídos da instigação-autoria ficariam os casos em que o homem de trás se limita a incentivar, a aconselhar ou a sugerir a prática criminosa. O exercício de uma influência sobre a decisão do executante não é suficiente, neste contexto, para afirmar o domínio do facto por parte do homem de trás. Este seria somente um indutor que auxilia (moralmente) o autor (imediato) a executar o crime, devendo ser punido a título de cumplicidade. Deste modo, nas palavras de Figueiredo Dias, o conceito "vulgar" de instigação – em sentido amplo – pode dividir-se em actos que são de *autoria*, a que chama de instigação, e noutro tipo de actos que são de *cumplicidade*, designados por indução[89].

---

[87] Especificamente sobre esta figura, Jorge de Figueiredo Dias, "La instigación como autoria – Un *requiem* por la participación como categoria de la dogmática jurídico-penal portuguesa?", *Libro de Homenaje al Prof. Gonzalo Rodríguez Mourullo*, Madrid: Civitas, 2005, p. 343 e ss.

[88] Cf. *Direito Penal, op. cit.*, p. 799.

[89] A compreensão da instigação como autoria não é uma ideia historicamente nova uma vez que integrava, juntamente com a autoria mediata, o conceito de autoria moral ou intelectual.

CAPÍTULO II – A RESPONSABILIDADE PENAL DOS ADMINISTRADORES

3.3 Voltemos à problemática da criminalidade empresarial e aos casos em que o subordinado executa dolosamente um crime por ordem do seu superior hierárquico. Um dos problemas que tem suscitado aceso debate doutrinal e jurisprudencial relaciona-se justamente com a imputação dos delitos cometidos na *organização empresarial*, procurando-se, através da teoria do domínio do facto, sustentar a responsabilidade daquele que está sentado à secretária (*v. g.*, os directores ou administradores da empresa). São várias as propostas, doutrinais e jurisprudenciais que procuram adaptar estas figuras ao contexto empresarial[90].

a) Uma das soluções esboçadas, no seguimento da jurisprudência alemã anteriormente descrita, foi no sentido de enquadrar a responsabilidade dos superiores hierárquicos da empresa no âmbito da autoria mediata, convocando excepcionalmente a figura dos aparelhos organizados de poder como forma de fundamentar a responsabilidade criminal do dirigente, responsável pela "organização" empresa[91]. Prescinde-se da exigência de que a organização actue fora do quadro da ordem jurídica, por razões político-criminais ligadas à necessidade de punir o dirigente empresarial. Esta extensão da figura à criminalidade de empresa é, como se referiu, bastante discutida na doutrina[92] e, desde logo, foi recusada pelo próprio autor da figura, Claus Roxin[93].

Sobre esta figura, por todos, Eduardo Correia, *Direito Criminal*, Colecção *Studium*, Coimbra: Arménio Amado Editor, 1953, p. 128 e ss. e *Direito Criminal*, Vol. II, Coimbra: Livraria Almedina, 1996, p. 251, Manuel Cavaleiro de Ferreira, *Lições de Direito Penal*, Lisboa: Editorial Verbo, 1992, p. 480 e ss. Todavia, a proposta de Figueiredo Dias não se confunde com esta antiga figura, desde logo porque a categoria de instigação-autoria parte, como se disse, não de qualquer ideia material-causalista mas tem por base o princípio do domínio do facto, reconhecendo a possibilidade de o instigador exercer um domínio não só preponderante como dominante sobre o acontecimento criminoso.

[90] Susana Aires de Sousa, "A responsabilidade criminal do dirigente...", *op. cit.*, p. 1015 e ss.

[91] O alargamento da figura dos *aparelhos organizados de poder* não se cingiu à criminalidade empresarial, sendo igualmente discutido no domínio do direito penal internacional, cf. Kai Ambos, *A Parte Geral do Direito Penal Internacional. Bases para uma Elaboração Dogmática*, São Paulo: Editora Revista dos Tribunais, 2008, p. 250 e ss.

[92] Sobre a forma como o alargamento da figura à criminalidade empresarial tem sido recebida em geral pela doutrina penal, Elena Espinosa Ceballos, *Criminalidad de empresa. La responsabilidad penal en las estruturas*, Valencia: Tirant lo Blanch, 2003 p. 68 e ss., também Patricia Faraldo Cabana, *Responsabilidad Penal del Dirigente...*, *op. cit.*, p. 305 e ss., Carlos Gómez-Jara

QUESTÕES FUNDAMENTAIS DE DIREITO PENAL DA EMPRESA

De forma muito sintética, os principais argumentos[94] que se apontam contra a aplicação desta figura no âmbito empresarial são os seguintes: *i)* a empresa constitui-se em torno da prossecução de uma actividade lícita e, como tal, actua no quadro da ordem jurídica, o que por sua vez anula a característica da fungibilidade, já que o direito espera daquele que recebe uma ordem para cometer um crime que se recuse a cumpri-la. Logo, o dirigente da empresa não pode ter como regra geral que os seus empregados estejam dispostos a cometer crimes.

Díez, "Responsabilidad penal de los directivos de empresa en virtud de su dominio de la organización? Algunas consideraciones críticas", *Revista Brasileira de Ciências Criminais 68* (2007), p. 141-181. Também na doutrina portuguesa se levantaram vozes críticas à importação desta figura para o domínio da criminalidade de empresa, *v. g.*, Teresa Serra, "A autoria mediata através do domínio de um aparelho organizado de poder", *RPCC 5* (1995), p. 303; também Pedro Soares de Albergaria, "A posição de garante...", *op. cit.*, p. 617; Jorge de Figueiredo Dias, "Delincuencia organizada. Aspectos penales, procesales y criminológicos", Sep. Universidade de Huelva, 1999, p. 106; Maria da Conceição Valdágua, "Figura central, aliciamento e autoria mediata", *Estudos em Homenagem a Cunha Rodrigues*, Vol. I, Coimbra: Coimbra Editora, 2001, p. 923 e ss., Susana Aires de Sousa, "A responsabilidade criminal do dirigente...", *op. cit.*, p. 1006 e ss. Admitindo, em determinadas circunstância, a aplicabilidade do domínio da organização empresarial para fundamentar a autoria mediata, Ana Paz Ferreira Perestrelo de Oliveira, "A imputação da responsabilidade individual na criminalidade de empresa: a aplicabilidade da figura da autoria mediata por 'domínio da organização'", *RFDUL*, Vol. 46 (2006), n.º 1, p. 721-773.

[93] Efectivamente, Roxin exclui a possibilidade de se afirmar uma autoria mediata por via do domínio da organização no contexto da criminalidade empresarial. Todavia, sublinha que não pode desconhecer-se a existência de uma necessidade político-criminal de punir como autores os dirigentes que promovam ou permitam acções criminais no âmbito empresarial. Considera ainda, neste cenário, a possibilidade de se afirmar a autoria daquele que comanda a estrutura hierárquica empresarial por outras formas mais apropriadas, designadamente fundamentando a autoria numa posição de garante para a salvaguarda da legalidade nos quadros da categoria, por si proposta, dos delitos de dever: cf. "El domínio de organización como forma independiente de autoría mediata", *R P 18 (2006)*, p. 248 e, ainda, *Strafrecht II, op. cit.*, § 25, p. 57 e s. A recusa em aplicar a figura dos aparelhos organizados de poder para fundamentar a responsabilidade daquele que desempenha uma função de topo numa organização é de novo recusada por Roxin em entrevista ao jornal *Folha de S. Paulo*, no contexto de decisões jurisprudenciais brasileiras que aplicaram a teoria do domínio do facto para fundamentar a autoria criminosa daqueles que integram uma organização. Em particular, o autor salientou que "a posição hierárquica não fundamenta, sob nenhuma circunstância, o domínio do facto" (...); antes "a pessoa que ocupa uma posição no topo da organização tem também que ter comandado esse fato" (disponível em http://www1.folha.uol. com.br/fsp/poder/77459-participacao-no-comando-de-esquema-tem-de-ser-provada.shtml).

[94] Cf. Susana Aires de Sousa, "A responsabilidade criminal do dirigente...", *op. cit.*, p. 1018.

54

CAPÍTULO II – A RESPONSABILIDADE PENAL DOS ADMINISTRADORES

Ou seja, perde-se o automatismo no cumprimento das ordens enquanto característica típica dos *aparelhos organizados de poder; ii*) em diversas situações falta o elemento da fungibilidade do agente, designadamente na execução de crimes que exigem particulares conhecimentos por parte do executante (por exemplo, nem todos os trabalhadores são capazes de executar um crime fiscal porque nem todos dominam os conhecimentos especiais necessários para executar um crime desta espécie). Ora, num mundo laboral onde cada vez mais se acentua uma forte necessidade de especialização dos trabalhadores, torna-se difícil a sua substituição automática, anulando-se a fungibilidade enquanto característica originária da figura do aparelho organizado de poder; *iii*) é igualmente discutível a questão de saber se a empresa reveste a estrutura hierárquica rígida que caracteriza *os aparelhos organizados de poder*, designadamente as modernas empresas assentes numa certa descentralização das decisões e numa organização por áreas, sectores e/ou departamentos; *iv*) na maioria das situações há a possibilidade de afirmar a autoria mediata do homem-de-trás por outras vias, designadamente por o instrumento actuar em erro ou sem culpa ou, nos casos de delitos especiais ou específicos, por se tratar de um *instrumento doloso não qualificado*[95].

b) Outra das soluções propostas pela doutrina, em face das dificuldades que a solução da autoria mediata por domínio de um aparelho organizado de poder enfrenta, consiste na punição do dirigente a título de co-autoria[96]. Mas também aqui surgem diversas objecções

---

[95] Sobre estes argumentos e de modo desenvolvido, Patricia Faraldo Cabana, *Responsabilidad penal del Dirigente en Estructuras Jerarquicas: la Autoria Mediata com Aparatos Organizados de Poder*, Valencia: Tirant lo Blanch, 2003, p. 88 e ss. e 128 e ss. Também Kai Ambos, "Dominio del hecho ...", *op. cit.*, p. 135 e ss., e, do mesmo autor, "Dominio por organización..." *op. cit.*, p. 70 e ss.

[96] Cf. Jescheck / Weigend, *Lehrbuch des Strafrechts*, Berlin: Duncker & Humblot, 1996, p. 670, Günther Jakobs, *Strafrecht. Allgemeiner Teil*, Berlin: Walter de Gruyter, 1983, p. 536, Elena Espinosa Ceballos, *Criminalidad de empresa...*, *op. cit.*, p. 94-96, 127 e ss. e p. 137. Referindo-se expressamente à problemática da criminalidade da empresa, alguns autores propugnam a solução da co-autoria mas fora dos quadros dos *aparelhos organizados de poder*. É o caso de Munõz Conde, Tiedemann e Schünemann. Para uma exposição das teorias destes autores, Augusto Silva Dias, *Ramos Emergentes*, *op. cit.*, p. 216 e ss.

QUESTÕES FUNDAMENTAIS DE DIREITO PENAL DA EMPRESA

(que, segundo Augusto Silva Dias[97], podem agrupar-se em quatro ordens de críticas): *i)* as reservas quanto à possibilidade de concertação criminosa entre dirigentes e subalternos, pressuposta a diferenciação interna e a especialização funcional inerente à estrutura empresarial; *ii)* as dificuldades em afirmar uma decisão e execução conjuntas, enquanto requisitos essenciais à co-autoria; *iii)* a estrutura vincadamente horizontal da co-autoria; *iv)* e, por último, a circunstância de as concepções que assentam a tese da co-autoria no aumento do risco para a prática do facto, prescindindo de uma decisão conjunta, tenderem a aproximar a autoria da participação, resultando, ao mesmo tempo, numa espécie de co-autoria negligente.

c) Pese embora a força destes argumentos contrários a responsabilizar o dirigente nos quadros da autoria mediata ou da co-autoria, reconhece-se que, em algumas situações, a não punição do dirigente empresarial a título de autoria representa um *déficit* de punição, pressuposta a importância decisiva da sua contribuição para o facto criminoso[98]. Isto é particularmente evidente nos casos em que o dirigente possua um controlo tão intenso sobre o facto que o transforma em verdadeiro senhor do acontecimento criminoso, designadamente em empresas de pequena ou dimensão. Pode justamente dar-se como exemplo o caso do superior hierárquico que consegue criar no seu empregado a decisão de cometer o crime mediante a possibilidade de auferir vantagens económicas ou profissionais. Não punir este agente como autor corresponderia, por um lado, a contrariar a materialidade do princípio do domínio do facto enquanto critério e princípio delimitador da autoria criminosa; por outro lado, a um benefício punitivo injusto e injustificado decorrente da sua qualificação como mero participante e não como autor.

Neste contexto, tivemos oportunidade de defender a relevância da figura da *instigação-autoria* proposta por Figueiredo Dias nos casos

---

[97] Cf., de modo desenvolvido, *Ramos Emergentes, op. cit.*, p. 218 e ss.
[98] Bernd Schünemann, "Responsabilidad penal...", *op. cit.*, p. 19.

CAPÍTULO II – A RESPONSABILIDADE PENAL DOS ADMINISTRADORES

em que o dirigente determina o seu subordinado a uma prática criminosa[99]. O *deficit* de punição pode ser resolvido por via daquela figura. Pensamos, desde logo e em particular, nos casos em que a direcção da empresa toma decisões concretas que comunica directamente ao respectivo departamento, responsável pela execução criminosa, numa estrutura hierarquicamente organizada[100]. Nestes casos, o dirigente deve ser punido como autor sempre que disponha do domínio do facto através do domínio da decisão do homem-da-frente, nos moldes já caracterizados anteriormente. A figura da instigação-autoria constitui uma mais valia que permite captar todo o "desvalor da conduta" e ajustar-se ao "significado real" da contribuição do homem de trás[101]. Uma organização empresarial mais complexa poderá fazer surgir o problema da instigação em cadeia por via da transmissão da ordem através de responsáveis intermediários. Também aqui, seguindo Figueiredo Dias[102], para que se afirme a autoria relativamente a cada um dos elos da cadeia será necessário afirmar que ele determinou, ainda que de forma mediata, o executor à prática do facto; isto é, o agente será tido como autor se relativamente a ele se puder afirmar

[99] Susana Aires de Sousa, "A responsabilidade criminal do dirigente...", *op. cit.*, p. 1005-1037. Também *A Responsabilidade Criminal pelo Produto...*, *op. cit.*, p. 217.

[100] É comum distinguir-se, no contexto empresarial, dois planos de atribuição de responsabilidade: um nível vertical – a que se refere fundamentalmente este nosso estudo –, "atinente à relação dos dirigentes com os outros escalões da empresa na perspectiva da realização do facto criminoso" e um nível horizontal, "relativo à divisão do trabalho e à interacção dos membros dos órgãos directivos", cf. Augusto Silva Dias, *Ramos Emergentes do Direito Penal...*, *op. cit.*, p. 211. É justamente no plano horizontal que se coloca uma das questões que tem merecido a atenção da doutrina penal e que se refere à relevância criminal das decisões colegiais dos órgãos directivos. Em causa está, por um lado, a imputação de uma responsabilidade criminal individual àqueles que participam na tomada de uma decisão colectiva, na medida em que os órgãos de direcção da empresa podem ser órgãos colegiais. Veja-se, sobre este assunto, a importante monografia de Bettina Weißer, *Kausalitäts- und Täterschaftsprobleme bei der strafrechtlichen Würdigung pflichtwidriger Kollegialentscheidungen*, Berlin: Dunker & Humblot, 1996.

[101] As expressões são de Patricia Faraldo Cabana, *Responsabilidad Penal del Dirigente...*, *op. cit.*, p. 188, ao pronunciar-se sobre as insuficiências da instigação (indução), enquanto forma de participação no facto criminoso, para abranger as especificidades do domínio da organização: "calificar al hombre de atrás como inductor no permite captar todo el desvalor de su conducta, además de relegarle al papel de partícipe en el hecho ajeno cuando el significado real de su contribución es bien distinto".

[102] Cf. *Direito Penal*, *op. cit.*, p. 814.

QUESTÕES FUNDAMENTAIS DE DIREITO PENAL DA EMPRESA

o domínio da decisão de cometer o crime por parte do instigado. Na ausência deste domínio, o agente será tido como mero participante na realização criminosa.

Ainda assim nada impede que também no âmbito da criminalidade de empresa possam surgir outras formas de domínio do facto criminoso por parte daquele que ocupa uma posição hierárquica superior: se aquele que recebe a ordem actua em erro, *v. g.*, porque recebeu informações falsas, ou actua coagido, a situação deve resolver-se no quadro clássico da autoria mediata; se actua determinado pelo seu superior mas responsavelmente, trata-se de um caso de instigação-autoria; se a decisão e a execução criminosa são conjuntas, devem ser referidas ao contexto de co-autoria criminosa, ou ainda, perante actuações criminosas autónomas, ao contexto da autoria paralela[103].

Somos assim chegados a uma *primeira conclusão prévia* como resposta à questão anteriormente formulada: para que um administrador, director ou superior hierárquico possa ser punido como autor de um crime doloso por acção em contexto empresarial com base na teoria do domínio do facto, será necessário *comprovar* a vontade delituosa e, simultaneamente, um efectivo domínio do acontecimento sob qualquer uma das suas modalidades: domínio da acção (autoria imediata); domínio da vontade (autoria mediata); domínio funcional (co-autoria) ou domínio da decisão (instigação-autoria).

4. Segunda questão: a autoria e a comparticipação em crimes específicos

Uma outra questão inerente à autoria e comparticipação no contexto empresarial prende-se com o facto de muitos dos delitos que integram o chamado direito penal de empresa serem crimes específicos, uma vez que se trata de

---

[103] Apenas se pretendeu sublinhar o auxílio e contributo que a figura da *instigação-autoria* poderá concretizar na resolução do específico problema da responsabilidade daquele que determina o seu inferior hierárquico à prática criminosa. Como é evidente, os problemas de comparticipação vão muito para além desta específica questão. Sobre eles, de modo mais desenvolvido, por todos, Augusto Silva Dias, *Ramos Emergentes do Direito Penal...*, *op. cit.*, p. 186 e ss. e respectivas referências bibliográficas.

CAPÍTULO II – A RESPONSABILIDADE PENAL DOS ADMINISTRADORES

normas fortemente vinculadas à infracção de obrigações e deveres especiais que recaem sobre determinados sujeitos: o devedor (no caso da insolvência dolosa) o administrador ou gerente (na maioria dos crimes societários, a que se refere o Código das Sociedades Comerciais), o empregador (em algumas infracções laborais previstas no Código do Trabalho), o que tem a obrigação de declarar e entregar à administração tributária o imposto deduzido nos termos da lei (nos crimes de abuso de confiança fiscal ou abuso contra a segurança social, previstos no Regime Geral das Infracções Tributárias), etc. [104].

O legislador recorre com frequência, na construção dos tipos legais de crime, à previsão de determinadas qualidades ou deveres como fundamento da autoria criminosa. Compreende-se que seja assim na medida em que o direito penal de empresa está fortemente ligado à infracção de obrigações e deveres específicos contidos, em grande parte dos casos, em normas extra-penais (de direito societário, de direito fiscal, de direito da segurança social, de direito do trabalho, etc.). Quando o crime é realizado e executado apenas pelo titular do dever, não há problemas de maior do ponto de vista da autoria. Os problemas surgem quando numa execução criminosa não há coincidência entre o executante e o interveniente que detém a qualidade exigida pelo tipo legal.

Estas situações podem ser de dois tipos: o primeiro grupo diz respeito aos casos em que a qualidade ou dever recai sobre a pessoa colectiva e não na pessoa individual que por ela decide no sentido da prática criminosa; um segundo tipo de situações a considerar refere-se aos casos de pluralidade de agentes – mais comuns em entidades dotadas de uma estrutura organizadas como são as empresas – em que nem todos os intervenientes possuem a qualidade típica ou o dever pressuposto pelo tipo legal: o problema da comparticipação em crimes específicos. A ambas as questões se atenderá nos pontos seguintes.

4.1 O recurso à figura dos delitos específicos ou especiais no âmbito da criminalidade da empresa faz emergir, entre outras dificuldades, o problema da "actuação em nome de outrem" previsto no artigo 12.º do Código Penal. O núcleo problemático deste instituto, consagrado pela primeira vez no nosso

---

[104] Sobre este problema veja-se, entre outros, Juan Terradillos Basoco, *Derecho Penal de la Empresa, op. cit.*, 1995, p. 42; também Manuel A. Abanto Vásquez, "Hacia un nuevo Derecho penal de las empresas. Más allá de la solución penal y meramente administrativa del 'delito económico'", *RP 21* (2008), p. 7 e ss.

QUESTÕES FUNDAMENTAIS DE DIREITO PENAL DA EMPRESA

ordenamento por via do Código Penal de 1982, extravasa nitidamente o âmbito dos crimes específicos[105]. Contudo, a importância deste artigo, no contexto daquele tipo de delitos, resulta imediatamente do facto de, por vezes, o elemento típico referente à autoria de crime (*v. g.*, o empregador ou o devedor) se verificar na pessoa colectiva e não na pessoa física que actua em seu nome[106]. O resultado desta norma é, nesta vertente, o de permitir a responsabilidade criminal daqueles que voluntariamente actuam como titulares de um órgão de uma pessoa colectiva, sociedade ou mera associação de facto, ainda que o tipo legal de crime exija determinados elementos pessoais que se verificam directamente na pessoa do representado, a saber, no ente colectivo (alínea *a*) do n.º 1), ou exija que o agente pratique o facto no seu interesse e o representante actue no interesse do representado, ou seja, da sociedade (alínea *b*) do n.º 1).

Desta forma, do ponto de vista subjectivo a norma tem em vista a punição de pessoas – os titulares de um órgão de pessoa colectiva, sociedade ou mera associação de facto, assim como os representantes legais ou voluntários de

[105] Sobre a génese deste artigo ver Paulo Saragoça da Matta, *O artigo 12.º do Código Penal e a Responsabilidade dos "Quadros" das "Instituições"*, Coimbra: Coimbra Editora, 2001; Teresa Serra, "Actuação em nome de outrem no âmbito empresarial, em especial no exercício de funções parciais", Liber Discipulorum *para Jorge de Figueiredo Dias*, Coimbra: Coimbra Editora, 2003, p. 601 e ss.

[106] A qualidade de empregador é por exemplo exigida para a realização típica de alguns crimes laborais. Esta é justamente uma das questões colocadas no acórdão do Tribunal da Relação de Lisboa, de 3 de Julho de 2007, que condenou o arguido pelo crime previsto, à altura, no artigo 13.º, n.º 1, al. *d*), da Lei 17/86, de 14 de Junho. Da legislação decorria a proibição do empregador, em situação de falta de pagamento pontual de retribuições, efectuar pagamentos a trabalhadores que não correspondam ao rateio proporcional do montante disponível, sendo a violação dessa proibição conduta punível com pena de prisão até três anos, sem prejuízo de pena mais grave aplicável ao caso. No caso concreto, o tribunal superior confirmou a condenação do arguido sócio gerente de uma sociedade (empregadora) pela prática daquele crime, fazendo referência ao artigo 12.º do Código Penal, muito embora não tenha abordado os problemas específicos inerentes a esta norma. Considera aquele tribunal que, "não obstante a disposição legal onde se prevê o ilícito criminal em causa, fazer menção à entidade patronal, não podemos olvidar o disposto nos artigos 11.º e 12.º do Código Penal, os quais determinam a responsabilização dos titulares das pessoas colectivas. Se assim não fosse, os dispositivos legais em causa nos autos não teriam qualquer aplicação prática, na medida em que se tinha encontrado forma de não sujeitar à lei a actuação das entidades patronais sempre que fossem pessoas colectivas, conferindo aos seus representantes legais, a possibilidade de, impunemente, agirem de forma ilegal".

CAPÍTULO II – A RESPONSABILIDADE PENAL DOS ADMINISTRADORES

outrem – excluídas à partida pelo teor literal da norma especial incriminadora, na medida em que não dispõem da qualidade típica ou não realizam o facto criminoso no seu próprio interesse.

Por esta razão se tem entendido que o artigo 12.º do Código Penal "regula pois, e só, a questão de saber sob que pressupostos deve um agente ser tratado *como se* efectivamente se verificassem nele certas características especiais exigidas ou pressupostas pelo tipo e que, na realidade, nele se não dão: por isso se devendo afirmar que nele se prevê uma *extensão* da punibilidade de certos tipos legais de crime"[107]. Em causa, está, por via desta norma, um alargamento da punibilidade a casos que, na sua ausência, não seriam punidos por falta de previsão legal.

A fundamentação desta extensão da responsabilidade criminal em princípios estruturantes do direito penal e, em particular, a delimitação do conceito de elementos pessoais, tem gerado alguma controvérsia doutrinal nos ordenamentos que prevêem uma norma deste tipo[108]. Como refere Teresa Serra, a doutrina dominante, baseada na teoria da representação, entende por elementos pessoais "aqueles elementos que, na medida em que não consubstanciam características eminentemente pessoais do autor, podem ser transferidos para o representante". O fundamento (e critério) da imputação é a representação, na medida em que ela converte o representante no destinatário das normas especiais que visam o representado[109]. Esta autora afasta-se, no entanto, desta teoria (dominante), para sublinhar a importância do bem jurídico-penal e da concreta relação que com ele mantém o representante, na legitimidade e fundamentação do alargamento da autoria realizada pela cláusula da actuação em nome de outrem: os elementos pessoais a que se refere a cláusula consistem, da sua perspectiva, naquelas características que permitem ao representante

---

[107] Cf. Jorge de Figueiredo Dias, "Pressupostos da punição e causas que excluem a ilicitude e a culpa", *Jornadas de Direito Criminal. O Novo Código Penal Português e Legislação Complementar*, CEJ, 1983, p. 52.

[108] Cf. Claus Roxin, *Strafrecht II, op. cit.*, p. 269; Jesus-Maria Silva Sánchez, "Responsabilidad penal de las empresas y de sus órganos en derecho español", *in: Fundamentos de un Sistema Europeo del Derecho Penal, Barcelona*: Bosch Editor, 1995, p. 375 e ss.; Manuel Abanto Vásquez, "Hacia un nuevo derecho penal de las empresas...", *cit.*, p. 6 e ss.; também Teresa Serra, "Actuação em nome de outrem...", *op. cit.*, p. 606 e ss.

[109] Cf. "Actuação em nome de outrem ...", *op. cit.*, p. 606-607.

QUESTÕES FUNDAMENTAIS DE DIREITO PENAL DA EMPRESA

aceder ao exercício da função social ou institucional do autor colocando-se o representante em idêntica relação material com o bem jurídico[110].

Deste modo, a responsabilidade do representante resulta não da relação de representação mas de fundamentos que nele concorrem, expressos material e pessoalmente, na relação de proximidade e influência, no exercício das suas funções, com o bem jurídico-penal protegido. Nesta medida, o artigo 12.º elimina quaisquer dúvidas que pudessem decorrer da limitação legal relativa ao círculo de possíveis autores, consagrando legalmente a punição do representante. Por conseguinte, segundo cremos, esta responsabilidade estaria já fundamentada materialmente no princípio da tutela penal de bens jurídicos. Na verdade, uma perspectiva comprometida e orientada pelas funções e limites reconhecidos ao direito penal deve seguir como critério interpretativo do artigo 12.º do CP a relação de proximidade e a consequente possibilidade de lesão pelo agente dos bens jurídicos protegidos. A relação de representação, dotada de uma natureza jurídico-civil ocupa, neste contexto de legitimidade penal, o segundo plano. "Levantando-se o véu"[111] da personalidade colectiva do representado, descobre-se a face do representante na execução do facto criminoso e a força do seu braço na lesão ou colocação em perigo do interesse credor de protecção penal.

Por fim, nesta breve e fragmentada análise do preceito materializado no artigo 12.º do Código Penal, deve sublinhar-se a sua autonomia perante o disposto no artigo 28.º do CP. As normas referidas não se confundem nem na

---

[110] Cf. "Actuação em nome de outrem ...", *op. cit*, p. 608. A autora utiliza a este propósito as expressões *extranei* para designar os representantes e *intranei* para se referir aos representados. Optou-se por não usar tais expressões por entendermos que, de uma perspectiva material assente, por um lado, na relação de proximidade do representante com os interesses tutelados, que lhe confere o domínio da possibilidade de os lesar e, por outro lado, na desconsideração da personalidade colectiva, se pode questionar se o representante se situa autenticamente fora do alcance normativo. Na verdade, é a ele que se dirige, enquanto titular do órgão colectivo, a proibição contida no preceito. Neste sentido, é sobre ele que recai o dever extra-penal pressuposto na norma incriminadora e é ele que dispõe do domínio do acontecimento criminoso, cumprindo-se materialmente as exigências necessárias à afirmação da autoria nos crimes específicos.

[111] Esta expressão generalizou-se no direito privado a propósito da desconsideração da personalidade colectiva. Sobre ela, Jorge Manuel Coutinho de Abreu, *Da Empresarialidade (as Empresas no Direito)*, Coimbra: Livraria Almedina, 1996, p. 205 e, em particular, nota 530.

CAPÍTULO II – A RESPONSABILIDADE PENAL DOS ADMINISTRADORES

sua função nem no seu alcance normativo[112]. Trata-se, com efeito, de preceitos autónomos e referentes a quadros problemáticos distintos[113]. O artigo 28.º, como se analisará no ponto seguinte, tem o seu âmbito de aplicação pautado às situações de comparticipação, ou seja, de pluralidade de agentes na execução criminosa. Neste sentido, trata-se de uma norma que complementa o critério de autoria materializado no artigo 26.º do CP. Por sua vez, o artigo 12.º tem por propósito validar legalmente a autoria do representante e, como sublinha Figueiredo Dias, "não regula, nem quer regular qualquer problema de *comparticipação*; bem pelo contrário, ele quer deixar intocadas as normas dos arts. 25.º a 29.º, que à comparticipação se referem"[114].

4.2 No contexto dos crimes específicos, assumem particular relevância problemática os casos em que o executor da acção típica não reúne as características exigidas pelo tipo legal quanto ao sujeito activo do delito. Será, por exemplo, o caso em que o *trabalhador-extraneus* executa dolosamente um crime específico ou especial por ordem do *dirigente-intraneus*. Nesta hipótese, ao executor falta a qualidade (*v. g.*, a qualidade de "director ou gerente" na execução de um crime societário) tipicamente requerida para fundamentação ou agravação da responsabilidade. Alguma doutrina alemã tem admitido, também nestes casos, o alargamento do conceito da autoria mediata, construído a partir do domínio do facto, através da figura do *instrumento doloso não qualificado* (*qualifikationslos-doloses Werkzeug*), como forma de fundamentar a

---

[112] A aproximação entre as duas normas concretizada no efeito de "transmissibilidade" de elementos pessoais prevista na alínea *a*) do n.º 1 do artigo 12.º e na "comunicabilidade" das qualidades ou relações especiais dos comparticipantes a que se refere o n.º 1 do artigo 28.º obedece a fundamentos distintos e autónomos. Em nosso modo de ver, estas expressões surgem em contextos problemáticos diferenciados sem que tenham de coincidir sequer quanto à materialidade daqueles elementos pessoais. Sobre a determinação dos elementos pessoais a que se refere o n.º 1 do artigo 28.º *vide* Jorge de Figueiredo Dias, *Direito Penal, op. cit.*, p. 847-849.
[113] Não obstante a sua autonomia, a relevância normativa destes preceitos pode cruzar-se, designadamente em casos de comparticipação na execução criminosa entre titulares do órgão colectivo e aqueles que não detenham tal responsabilidade, como é o caso dos trabalhadores da empresa. Nestas situações, por via do artigo 12.º a qualidade exigida no tipo legal e verificada no representado (a pessoa colectiva) é vestida pelo representante e eventualmente comunicável aos *extranei* comparticipantes nos termos do artigo 28.º do CP, desde que estejam verificados os seus requisitos.
[114] Cf. "Pressupostos da punição...", *op. cit.*, p. 52.

QUESTÕES FUNDAMENTAIS DE DIREITO PENAL DA EMPRESA

autoria mediata de um *intraneus* que se serve, para a execução do facto, de um *extraneus*, que realiza por si só o facto, de forma dolosa[115].

Trata-se de uma questão referente, em último termo, ao núcleo essencial da autoria criminosa, a saber, quem pode ser autor de um crime específico e qual será o princípio válido para delimitar o conceito de autoria nestes crimes. As respostas ensaiadas pela doutrina têm divergido quanto à solução deste problema e, de forma algo simplista e certamente redutora, podem ser agrupadas entre as que rejeitam ou as que seguem, nesta matéria, a teoria do domínio do facto[116].

Desde logo, Roxin considera que a teoria do domínio do facto, por si proposta, não vale para os crimes específicos. Este critério normativo apenas seria válido para os delitos de domínio, ou seja, para os delitos comuns e dolosos de acção. Fora do alcance deste critério ficariam os crimes negligentes, os crimes de omissão e os crimes específicos. Neste último caso – que directamente nos interessa – somente poderia ser autor do delito aquele que detém a qualidade – e por isso o dever – pressuposta no tipo legal, isto é, aquele que viola o dever extra-penal que sobre ele recai[117]. O critério seria a *titularidade do dever* que se encontra fundamentado numa ordem jurídica extra-penal: por exemplo, os deveres do director da empresa, pressupostos pelos crimes societários previstos nos artigos 509.º a 526.º, encontram-se previstos na legislação comercial, concretamente no Código das Sociedades Comerciais.

Apesar da sua aparente clareza, têm sido apontadas algumas objecções à doutrina da titularidade do dever, enquanto critério da autoria nos crimes específicos[118]. Em primeiro lugar, esta teoria faz assentar o critério da autoria criminosa de crimes específicos exclusivamente na titularidade de

---

[115] Sobre esta figura, entre outros, Claus Roxin, *Autoria y Domínio del Hecho...*, *op. cit*, p. 745, do mesmo autor, *Strafrecht II*, *op. cit*, § 25, p. 108 e ss.; Jescheck / Weigend, *Lehrbuch des Strafrehchts*, *op. cit*, p. 669 e s. Entre nós Henrique Salinas Monteiro, *A Comparticipação em Crimes Especiais no Código Penal*, Lisboa: Universidade Católica Portuguesa, 1999, p. 927.

[116] Mais desenvolvidamente, Susana Aires de Sousa, "A autoria nos crimes específicos: algumas considerações sobre o artigo 28.º do Código Penal", *RPCC 15* (2005), n.º 3, p. 343 e ss.

[117] Esta teoria foi recentemente desenvolvida em estudo monográfico dedicado aos delitos de infracção de dever por Silvina Bacigalupo, *Autoria y Participación en Delitos de Infracción de Deber*, Madrid: Marcial Pons, 2007.

[118] Mais desenvolvidamente, Teresa Pizarro Beleza, "A estrutura da autoria nos crimes de violação de dever. Titularidade *versus* domínio do facto", *RPCC 2* (1992), p. 342 e ss.; Susana Aires de Sousa, "A autoria nos crimes específicos...", *op. cit.*, p. 351 e ss.

CAPÍTULO II – A RESPONSABILIDADE PENAL DOS ADMINISTRADORES

um dever fundamentado numa ordem jurídica extra-penal. Neste sentido, o dever "pré-existe" à violação. Todavia, a infracção ao dever só se concretiza penalmente aquando da violação típica, ou seja, naquele momento em que o *intraneus* realiza aquela acção descrita no tipo e não qualquer outra. Se o tipo legal pressupõe um dever extra-penal (que legitima a incriminação), também parece pressupor que o titular do dever execute aquela acção, pois só através da execução ou do seu domínio se torna possível a violação daquele dever. Assim, se é certo que nos tipos específicos o legislador quis vincular a autoria à violação de um dever, a violação desse dever não deixa de pressupor a execução típica, *rectius*, o seu domínio[119]. Em segundo lugar, uma teoria que conceba os crimes específicos como delitos de dever dificilmente se pode escusar a críticas relativas a lacunas de punibilidade pois, desde logo, ficaria impune (a título de autoria) o *extraneus* que dolosamente se serve de um *intraneus* para cometer o crime, dominando a sua vontade, por exemplo, através de erro ou coacção. Por outro lado, parece agravar injustamente, em algumas situações, a punição, *v. g.*, se o titular do dever presta um pequeno auxílio, sendo a acção integralmente realizada por um *extraneus*, tal seria suficiente para fundamentar a sua autoria criminosa; ou ainda, numa outra hipótese, se dois *intranei* comparticipam no facto criminoso de forma distinta – porque um executa e o outro auxilia – serão ambos punidos como autores, segundo o critério em análise[120].

Outros autores alemães, como Gössel, têm defendido a vigência da teoria do domínio do facto no âmbito dos crimes específicos. Neste caso, tanto a ausência de um agente qualificado ou idóneo, segundo o tipo legal, como a ausência de domínio do facto impediriam a afirmação da autoria. Partindo deste critério, seria, em princípio, de rejeitar qualquer possibilidade de um *extraneus* poder ser autor destes crimes, seja sob a forma de autoria imediata, mediata ou de co-autoria[121]. É justamente neste sentido que se inclina Gössel

---

[119] Cf. Susana Aires de Sousa, "A autoria nos crimes específicos...", *op. cit.*, p. 351. Veja-se também, Jorge de Figueiredo Dias, *Direito Penal, op. cit.*, p. 850 e ss.

[120] Neste sentido, veja-se Günter Stratenwerth, *Strafrecht*, I, Köln: Carl Heymanns Verlag, 2000, p. 307-308, ao entender que da teoria dos delitos de dever resulta que qualquer colaboração, ainda que distante, prestada pelo titular do dever especial realizaria o facto criminoso específico dando lugar à autoria, o que tornaria vulnerável o princípio *nullum crimen sine lege*.

[121] Maurach / Gössel / Zipf, *Derecho Penal*, 2, trad. Jorge Boffill Genzsch, Buenos Aires: Editorial Astrea, 1995, p. 325 e 326, e também p. 394.

QUESTÕES FUNDAMENTAIS DE DIREITO PENAL DA EMPRESA

quando considera de todo impossível a ocorrência de situações de autoria mediata no âmbito dos crimes específicos, embora reconheça e admita como resultado necessário a existência de lacunas de punibilidade[122].

Na verdade, o reconhecimento de eventuais lacunas de punição trouxe um novo vigor a construções teóricas como a já referida figura do *instrumento doloso não qualificado*[123]. Nos quadros desta teoria seria autor mediato aquele que se serve de um *extraneus* para cometer o crime, ainda que este actue de forma dolosa. Para Gallas, o agente mediato *intraneus*, dada a sua posição dominante no acontecimento global, deve ser considerado autor mediato uma vez que ele mantém ainda nas suas mãos o sucesso do delito. "O acto de indução converte-se no exercício do domínio do facto, e, como tal, em algo equivalente à execução pelas próprias mãos"[124]. De acordo com a teoria do domínio social do facto defendida por Welzel, "a titularidade deste domínio social do facto justificaria a qualificação do *intraneus* como autor mediato através de um 'instrumento doloso não qualificado'"[125]; ou ainda, segundo a teoria do facto normativo-psicológico defendida por Jescheck, nestes casos, o domínio do facto há-de conceber-se normativamente[126], pois o facto não pode ser cometido pelo homem da frente sem a cooperação do homem de trás, e só com a intervenção deste se produz um facto jurídico penalmente relevante na medida em que ele detém a qualidade requerida pelo legislador. Assim, para Jescheck, a influência juridicamente dominante do homem de trás, do *intraneus*, é decisiva na afirmação da autoria.

As construções referentes à figura normativa do *instrumento doloso não qualificado* representam mais um exemplo de um alargamento do conceito de

---

[122] Gössel considera mesmo que não se pode ignorar a possibilidade de estarmos perante algumas lacunas de punibilidade uma vez que, perante a actuação não dolosa do instrumento *intraneus*, o homem de trás tão pouco pode ser sancionado a título de participação. Todavia, considera que a extensão destas lacunas não é demasiado relevante pois as mais importantes estariam cobertas na Parte Especial através da criminalização de algumas dessas condutas, de que é exemplo a provocação a um testemunho falso (§ 160 do StGB), cf. Maurach / Gössel / Zipf, *Derecho Penal, op. cit.*, p. 343.

[123] Ver *supra*, nota 49 e texto correspondente.

[124] Gallas, *Gutachten der Strafrechtslehrer*, p. 136, *apud* Roxin, *Autoría y Dominio del Hecho...*, *op. cit.*, p. 281; *Strafrecht II, op. cit*, p. 109. Também Henrique Salinas Monteiro, *A Comparticipação em Crimes Especiais..., op. cit.*, p. 169.

[125] *Apud* Henrique Salinas Monteiro, *A Comparticipação em Crimes Especiais..., op. cit.*, p. 169.

[126] Jescheck / Weigend, *op. cit.*, p. 670.

CAPÍTULO II - A RESPONSABILIDADE PENAL DOS ADMINISTRADORES

autoria mediata, na medida em que o executante actua dolosamente, que-brando-se deste modo o princípio da auto-responsabilidade enquanto critério delimitador da figura da autoria mediata. Por outro lado, tem-se apontado criticamente a esta figura uma natureza demasiadamente normativa, ficcio-nando-se uma autoria mediata e, consequentemente, uma instrumentalização que de facto não existe uma vez que o "instrumento" actua de forma dolosa, conhecendo e querendo a realização do facto ilícito.

Em nosso modo de ver, também neste domínio o conceito de *instigação--autoria* proposto por Figueiredo Dias pode ser chamado a desempenhar um contributo positivo no sentido de preservar o conteúdo primário da autoria mediata. Por conseguinte, os casos em que o instrumento actua dolosamente não seriam de autoria mediata, sob a forma de *instrumento doloso não qualifi-cado*, mas sim de instigação-autoria. Ao dispor-se desta figura, os conceitos normativos ganham uma maior flexibilidade, idónea a reflectir com maior rigor a realidade dos acontecimentos. Por outro lado, a conjugação desta fi-gura com o regime previsto no artigo 28.º do Código Penal, ao permitir, em situações de pluralidade de agentes, a comunicabilidade das qualidades ou relações especiais relativas à ilicitude, permite resolver as eventuais lacunas de punibilidade referidas anteriormente. Isto é, da conjugação destes dois elementos, a instigação-autoria, prevista no artigo 26.º do CP, última moda-lidade, e do artigo 28.º do mesmo diploma, resultará a punição do *intraneus* (o devedor, administrador, gerente, empregador, etc.[127]) que domina a decisão do *extraneus*-doloso (*v. g.*, o trabalhador que executa a decisão criminosa) como instigador-autor, bem como a punição do executante *extraneus* como autor imediato, nos termos e com as limitações constantes no regime previsto nos números 1 e 2 do artigo 28.º [128].

---

[127] Na medida em que as normas do Código Penal referentes à autoria e à comparticipação sejam aplicáveis aos diplomas extravagantes onde se prevêem os crimes que integram o cha-mado direito penal da empresa. O que maioritariamente acontecerá, pressuposta a remissão subsidiária constantes nestes diplomas para as regras gerais substantivas e processuais.

[128] Mais desenvolvidamente sobre este artigo, Teresa Pizarro Beleza, "Ilicitamente com-participando – o âmbito de aplicação do artigo 28.ºdo Código Penal", *Boletim da Faculdade de Direito. Volume Especial de Homenagem ao Prof. Doutor Eduardo Correia*, III, Coimbra, 1984, p. 589-649; Margarida Silva Pereira, "Da autonomia do facto de participação", *O Direito 126* (1994), p. 577 e ss., Henrique Salinas Monteiro, *A Comparticipação em Crimes Especiais, op. cit.*, *passim*; Susana Aires de Sousa, "A autoria nos crimes específicos...", *op. cit.*, p. 343 e ss.; Jorge

QUESTÕES FUNDAMENTAIS DE DIREITO PENAL DA EMPRESA

O quadro descrito revela-se particularmente útil, no contexto do direito penal da empresa, como forma de resolver a autoria daquele que não tendo a qualidade exigida pelo tipo legal (não sendo o titular do dever) comparticipa na execução criminosa. Neste sentido, seria punida pelo crime de distribuição ilícita de lucros a secretária do gerente ou administrador que, dominando o erro em que este incorre, o leva a propor uma distribuição de lucros que a beneficia; assim como o contabilista que cria com o obrigado tributário um esquema fraudulento de alteração de valores ou factos sujeitos a tributação, tendo o condomínio daquele facto sob a modalidade de co-autoria. Ou seja, não basta um mero auxílio ou participação num facto alheio para que se comunique a qualidade do *intraneus* e o *extraneus* possa ser punido como autor ao abrigo do artigo 28.º; é necessário e fundamental que o *extraneus* detenha o domínio do facto, em ambas as dimensões objectivas e subjectivas anteriormente referidas.

Como notas conclusivas sobre os pontos 4.1 e 4.2, dir-se-á, em primeiro lugar, que o artigo 12.º permite responsabilizar jurídico-penalmente aquele que, actuando sob a veste de representante da pessoa colectiva titular da qualidade exigida no tipo legal tem, dada a proximidade e influência sobre o bem jurídico, a capacidade de o lesar no exercício daquelas funções de representante; em segundo lugar, com base no artigo 28.º e dentro dos limites por ele estabelecidos, é possível punir um *extraneus* como autor de um crime específico em que ilicitamente comparticipou (com um *intraneus*) desde que a sua conduta revele um domínio do acontecimento criminoso em alguma das modalidades estabelecidas no artigo 26.º.

5. Terceira questão: o dever de garante e a autoria por omissão

Reconhecendo-se, por um lado, os limites inerentes à teoria do domínio do facto enquanto critério delimitador da autoria criminosa, designadamente

de Figueiredo Dias / Susana Aires de Sousa, "A autoria mediata do crime de condução ilegal de veículo automóvel", *RLJ 135* (2006), p. 249 e ss.; e Jorge de Figueiredo Dias, *Direito Penal, op. cit*, p. 848 e ss.

CAPÍTULO II – A RESPONSABILIDADE PENAL DOS ADMINISTRADORES

pela ausência de dolo por parte do superior hierárquico ou do dirigente empresarial e atendendo, por outro lado, à especial posição ocupada por aquele que desempenha uma função directiva no contexto empresarial, a doutrina tem procurado na estrutura delitual da comissão por omissão uma possível resposta às exigências de responsabilização dos dirigentes empresariais. A pergunta, na sua formulação mais simples, reconduz-se a saber em que termos se pode responsabilizar um administrador, ou um director de um departamento ou ainda o gerente da sociedade pela conservação errada, feita por um trabalhador, de um lote de carne de vaca que alterou a sua qualidade?

Desde logo, coloca-se a questão de saber se o dirigente empresarial pode ser responsabilizado pelos factos ilícitos realizados pelos seus subordinados, *v. g.*, qual será a eventual responsabilidade do gerente, nos termos do artigo 282.º do Código Penal, pela conservação errada de uma substância destinada ao consumo, executada por um trabalhador da empresa.

Trata-se de um problema complexo, de enorme relevância no contexto da responsabilidade daqueles que dirigem uma organização empresarial e que imediatamente se conjuga com a eventual existência de um dever de garante por parte daqueles que ocupam uma posição de liderança no contexto empresarial, capaz de fundamentar um delito omissivo. Por outras palavras, importa determinar se os directores, administradores e gerentes assumem, em virtude das funções que desempenham, uma posição de garantia pelos crimes cometidos na empresa e, num segundo momento, que contornos reveste essa posição de garante.

O grande desafio consiste assim em definir o fundamento jurídico do dever de garante das pessoas que dirigem a actividade empresarial e, encontrado esse fundamento, o alcance desse dever[129]. A dimensão do problema transparece imediatamente se se considerar, por um lado, a inexistência de uma cláusula normativa que expressamente tipifique este dever de garante, e, por outro lado, a insuficiência das clássicas fontes de garantia para que a partir delas se possa deduzir imediatamente uma equivalência entre a acção e a

---

[129] Cf. Juan Terradillos Basoco, *Derecho Penal de la Empresa, op. cit.*, p. 39-40. Com pormenor sobre este problema Heloisa Estellita, *Responsabilidad penal de dirigentes de empresas por omissão. Estudo sobre a responsabilidade omissiva imprópria de dirigentes de sociedades anónimas, limitadas e encarregados de cumprimento por crimes praticados por membros da empresa*, Madrid, Barcelona, Buenos Aires, São Paulo: Marcial Pons, 2017, p. 108 e ss.

QUESTÕES FUNDAMENTAIS DE DIREITO PENAL DA EMPRESA

omissão de evitar um resultado jurídico-penalmente desvalioso no contexto empresarial[130]. É certo que hoje se considera superada uma teoria formal do dever jurídico e das posições de garantia[131], mas tão pouco as modernas concepções do dever de garante, com o seu acento preferencial no sentido material da ilicitude, estão dotadas de uma certo grau de abstracção que permita delas retirar de forma imediata e segura a afirmação do dever de garante por parte do dirigente empresarial[132].

Por conseguinte, sai reforçada a necessidade de se reflectir especificamente a problemática da omissão penalmente relevante no quadro empresarial. Neste contexto, e respondendo especificamente a esta necessidade, destaca-se o pensamento de Schünemann. Este autor, partindo da concepção de delito omissivo impróprio por si proposta[133], considera que em geral o fundamento da equiparação da omissão à acção assenta *no domínio do garante sobre a causa do resultado*[134].

Neste sentido, a equiparação da omissão com a acção fundamentada no domínio do director da empresa ou, em geral, do superior da empresa, resulta tanto do seu domínio fáctico sobre os elementos (coisas e procedimentos) perigosos do estabelecimento, como também do poder de mando, legalmente fundado, que detém sobre os trabalhadores[135].

---

[130] Sobre a discussão doutrinal referente à posição de garantia na empresa, veja-se Bernd Schünemann, *Unternehmenskriminalität und Strafrecht*, Köln, Berlin, Bonn, München: Carl Heymanns Verlag, 1979, p. 77.

[131] Jorge de Figueiredo Dias, *Direito Penal, op. cit*, p. 934 e ss.; José de Faria Costa, "Omissão (reflexões em redor da omissão imprópria)", *BFD*, Vol. LXXII (1996), p. 391 e ss.

[132] Sublinhando estas dificuldades, Bernd Schünemann, *Delincuencia Empresarial..., op. cit.*, p. 28 e p. 69 e ss. Estas dificuldades são evidentes, segundo este autor, quando se analisa a jurisprudência alemã sobre a posição de garante do empresário. Refere como exemplo a "decisão Lederspray", a outros títulos não só fundamental como inovadora (*v. g.*, em matéria de comparticipação e nexo de causalidade), mas quase silenciosa quanto à existência de um dever de garante geral por parte do empresário ou dos superiores da empresa em relação aos delitos realizados pelos subordinados. Trata-se de uma "estranha reserva, que consiste em mencionar o problema o menos possível, que contrasta consideravelmente com as atrevidas declarações sobre autoria", cf. *ibidem*, p. 67.

[133] Bernd Schünemann, *Grund und Grenzen der unrechten Unterlassungsdelikte*, Göttingen: Verlag Otto Schwartz, 1971, p. 229 e ss., e também, do mesmo autor, mais sucintamente, *Unternehmenskriminalität und Strafrecht, op. cit.*, p. 84 e ss.

[134] Cf. *Unternehmenskriminalität und Strafrecht, op. cit.*, p. 95 e ss.

[135] Cf. *Unternehmenskriminalität und Strafrecht, op. cit.*, p. 89-90 e 95 e ss; também *Delincuencia Empresarial..., op. cit.*, p. 31. Sobre este pensamento de Schünemann veja-se ainda, na literatura portuguesa, Pedro Soares Albergaria, "A posição de garante...", *op. cit.*, p. 624 e s.; André Lamas

CAPÍTULO II – A RESPONSABILIDADE PENAL DOS ADMINISTRADORES

Como imediatamente se depreende, a afirmação do domínio do dirigente estaria dependente da aferição daqueles elementos no caso concreto. Ou seja, o exercício daquele domínio pelo dirigente da estrutura empresarial seria condição *sine qua non* para que se pudesse afirmar a sua responsabilidade criminal por omissão. Todavia, se a aplicabilidade destes critérios se faz sem grandes dificuldades em pequenas estruturas empresariais, dificilmente tal poderá valer para estruturas complexas, dotadas de uma forte hierarquia e divisão, onde as tarefas se encontram funcionalizadas e divididas por sectores ou departamentos específicos e especializados.

Num escrito posterior, Schünemman defendeu que, nestes casos, a posição de garante tem de estar limitada à função que compete ao sujeito dentro da estrutura empresarial[136]. Tal significa que a posição de garante dentro da empresa é atribuível aos seus concretos órgãos particulares em função da esfera empresarial que dominem. Deste modo, da vinculação da posição de garante ao âmbito do domínio exercido decorre forçosamente que "os deveres de garantia de um membro do conselho de administração de uma direcção empresarial organizada segundo o princípio da divisão de competências entre departamentos (*Ressortprinzip*) se limitam ao âmbito por ele dirigido e, por isso, apenas terão maior amplitude quanto a questões fundamentais que competem a toda a direcção empresarial"[137].

Leite, As *«posições de garantia» na omissão impura. Em especial, a questão da determinabilidade* penal, Coimbra: Coimbra Editora, 2007, p. 302 e ss., Susana Aires de Sousa, "A responsabilidade criminal do dirigente..., *op. cit.*, p. 1035.

[136] Cf. *Delincuencia Empresarial...(adición* 2002), *op. cit.*, p. 69 ss.

[137] *Ibidem*, p. 69-70 (trad. nossa). Schünemann é particularmente crítico quanto às posições jurisprudenciais e doutrinais que fazem derivar o dever de garante do dirigente empresarial, de forma imediata, da ingerência. Com efeito, referindo-se em particular ao caso Lederspray, critica o recurso à figura da ingerência para fundamentar a responsabilidade jurídico-penal por omissão, desde logo pela ausência de um comportamento anti-jurídico. Da sua perspectiva, a afirmação dessa responsabilidade depende em primeira linha da pré-existência de um dever de advertência ao consumidor por eventuais defeitos atribuídos aos produtos após a sua comercialização, cf. *ibidem*, p. 75. Em sentido diferente se pronuncia Jakobs ao referir-se ao problema da responsabilidade criminal do produtor por omissão, enquadrando-o, justamente, no âmbito da ingerência. Este autor considera que limitar a ingerência a comportamentos precedentes antijurídicos corresponde a reduzi-la em demasia. Assim, em vez do comportamento precedente antijurídico, a que tradicionalmente se alude no quadro da ingerência, Jakobs prefere usar a ideia de *risco especial*: quem se apropria de um risco especial tem que suportar especiais deveres de salvamento. E usa como exemplo justamente a moderna responsabilidade penal

QUESTÕES FUNDAMENTAIS DE DIREITO PENAL DA EMPRESA

Parece-nos ser de concordar com a mencionada relevância da especificidade da estrutura empresarial, assente nos princípios da hierarquia e da divisão de trabalho, na delimitação da posição de garantia do dirigente empresarial. Todavia, a determinação dos deveres funcionais decorrentes da organização empresarial não coincide imediata e automaticamente com o dever criminalmente relevante. Ela fornece, antes de mais, as coordenadas necessárias à delimitação de *espaços individuais de responsabilidade* no contexto empresarial[138].

Deste modo, nas palavras de Silva Sánchez, o agente assume, relativamente àquele quadro de competências que lhe é organicamente reconhecido, o "compromisso de controlo dos riscos para bens jurídicos que podem dimanar das pessoas ou coisas que se encontram sob a sua direcção"[139][140]. E é nesta potencialidade ou possibilidade de controlo daqueles riscos que há-de mediar a relevância das obrigações funcionais no âmbito criminal. Em nosso modo de ver, só por esta via se poderá fundamentar solidamente a imputação do facto criminoso realizado por um subalterno ao seu superior hierárquico, uma vez que a obrigação de evitar o resultado se baseia não em uma posição genérica de garantia, mas antes se concretiza por intermédio de dois parâmetros: por um lado, o quadro de funções e competências organicamente atribuído ao cargo empresarial, que permite delimitar o âmbito e a extensão da posição de garantia; por outro lado, a possibilidade de cumprir esses deveres, designadamente controlando, ou, na expressão de Schünemann, "*dominando*" os factos que ocorrem no seu espaço de responsabilidade, capazes de colocar em perigo o bem jurídico-penal. Este segundo limite permite, assim, afastar a ideia de uma assunção automática da posição de garantia decorrente exclusivamente da função exercida, isto é, de uma responsabilidade criminal objectiva derivada das funções assumidas. Assim, só da cumulativa verificação

---

pelo produto, citando a este propósito a referida decisão do BGH sobre o caso Lederspray, cf. *Acción y Omisión en Derecho Penal*, Bogotá: Universidad Externado de Colombia, 2000, p. 12.

[138] A instrumentalidade desta operação, traduzida em determinar os deveres e competências estatutárias dos membros da organização a fim de delimitar primeiramente as respectivas esferas de responsabilidade, é também sublinhada por Augusto Silva Dias, *Ramos Emergentes do Direito Penal...*, *op. cit.*, p. 201.

[139] Jesus-Maria Silva Sánchez, "Responsabilidad penal de las empresas...", *op. cit.*, p. 371.

[140] Segundo Silva Sánchez, seria a possibilidade de o sujeito organizar livremente o seu âmbito de competência que fundamentaria a sua posição de garante, cf. "Responsabilidad penal de las empresas...", *op. cit.*, p. 371.

CAPÍTULO II - A RESPONSABILIDADE PENAL DOS ADMINISTRADORES

destes requisitos resulta possível afirmar o *domínio potencial* do facto omissivo por parte do agente[141].

Deste modo, concordando de novo com Silva Sánchez[142] a posição de garantia reveste (e, quanto a nós, tem de revestir) uma natureza muito mais específica na criminalidade da empresa: aparece como um compromisso de contenção de riscos determinados para bens jurídico-penais, cabendo às regras de atribuição e distribuição de competência um decisivo papel na delimitação dos concretos riscos que o sujeito deve controlar, bem como na determinação das medidas que deve adoptar para impedir um resultado jurídico-penalmente desvalioso, sob pena de cometer um delito omissivo[143].

---

[141] Julgamos que estes requisitos de imputação cumprem o critério de autoria que Figueiredo Dias propõe em matéria de omissão: "é autor (...) aquele que detinha a possibilidade fáctica de intervenção no (e de domínio do) acontecimento e, apesar de sobre ele recair um dever jurídico de acção (dever de garante) não fez uso de tal possibilidade", cf. *Direito Penal, op. cit*, p. 971.

[142] Cf. Silva Sánchez, "Responsabilidad penal de las empresas...", p. 372.

[143] Neste contexto assume particular interesse e relevância a chamada responsabilidade (criminal) pelo produto. Com esta designação pretende abarcar-se uma série de novos problemas jurídicos colocados ao direito penal pelo grau de desenvolvimento e complexidade da sociedade moderna, e, concretamente, indagar da responsabilidade penal dos produtores ou distribuidores de bens de consumo pela lesão ou colocação em perigo de bens jurídicos essenciais aos consumidores, em regra, a vida ou a integridade física, derivadas da normal utilização do produto, cf. Lothar Kuhlen, *Fragen einer strafrechtlichen Produkthaftung*, Heidelberg: C. F. Müller Juristischer Verlag, 1989, p. 2 e ss., ou, entre nós, Susana Aires de Sousa, *Responsabilidade Criminal pelo Produto..., op. cit.*, p. 220 e ss. Trata-se de casos qualificados como complexos pela literatura e pela jurisprudência, desde logo, porque neles se cruzam, em movimentos contrários, segurança *versus* evolução tecnológica; nas palavras de Faria Costa, a outro propósito, espelha-se aqui o sentido do perigo "enquanto potenciador directo ou mediato da segurança individual ou colectiva" (cf. *O Perigo em Direito Penal*, Coimbra: Coimbra Editora: 2000, p. 361). Por exemplo, não obstante a reconhecida utilidade na comercialização de medicamentos, são vários (e históricos) os casos em que medicamentos aprovados e introduzidos no mercado causaram graves danos na vida e integridade física de milhares de pessoas. Ficou célebre, a este propósito, o caso Contergan (mais desenvolvidamente, Susana Aires de Sousa, "Medicamentos e responsabilidade criminal. Problemas jurídico-criminais suscitados a partir de uma análise casuística", *Lex Medicinae* 9 (2008), n.º 5, p. 81 e ss). Todavia, estas questões não se restringem somente ao domínio dos medicamentos, podendo ser transpostas para alimentos, meios de transporte ou produtos de uso quotidiano. Veja-se, por exemplo, o também célebre caso Lederspray na Alemanha ou o caso do óleo de colza em Espanha. Acontecimentos como estes trouxeram para o centro da discussão criminal o problema da responsabilidade jurídico-penal do dirigente, designadamente quanto à obrigação de retirada do produto do mercado. Schünemann, tomando como referência o caso Lederspray, entende que sobre o produtor recai o dever de vigilância do produto depois de colocado no mercado na medida

QUESTÕES FUNDAMENTAIS DE DIREITO PENAL DA EMPRESA

Para que o facto possa ser imputado a um superior hierárquico, a um director ou a um administrador, ao juiz caberá determinar, em primeiro lugar, os seus deveres funcionais ou o quadro de competências como modo de delimitar o seu espaço individual de responsabilidade; num segundo momento, ao tribunal cabe aferir da possibilidade de, no cumprimento desses deveres, o superior hierárquico dominar ou controlar os riscos proibidos criados por exemplo pelo trabalhador. Só através deste duplo passo se afasta a assunção automática de uma posição de garante decorrente da posição que se ocupa na empresa, incompatível com os princípios fundamentais da responsabilidade penal, designadamente o princípio da culpa.

Esta compreensão da posição de garantia é ainda coerente com a ideia de domínio potencial do facto omissivo, como critério delimitador da autoria na omissão[144]. Também, por esta via, se pune como autor, por omissão, aquele que tendo o dever jurídico de acção e a possibilidade fáctica de intervir para impedir o resultado, não faz uso dessa possibilidade.

Por estas razões, se revela exemplar a decisão do Tribunal da Relação do Porto, no acórdão de 13-07-2005 [145], sujo sumário se transcreve: "Se da acusação e da sentença constar apenas que o arguido detinha a qualidade de gerente de uma sociedade que tinha para venda ao público bacalhau qualificado como 'produto alimentar anormal, avariado, embora não susceptível de prejudicar a saúde ou a integridade física dos eventuais consumidores', sem se especificar em que se traduziam aquelas funções de gerência, não pode concluir-se, sem mais, que o mesmo não procedeu de acordo com que lhe era exigido e exigível, pelo que deve o mesmo ser absolvido da prática de um crime contra a genuinidade de géneros alimentícios (art. 24.º, 1 al. *c*) com referência

em que tenha criado no consumidor a necessária convicção sobre a sua segurança. Neste caso, o produtor tem o dever não só de vigiar o produto como também de advertir o consumidor dos seus perigos, posteriormente conhecidos. Cf. *Delincuencia Empresarial* (nota 1), p. 74 e ss. Especificamente sobre a responsabilidade por omissão do produtor ou fabricante, admitindo de forma ampla a existência de um dever de garante, Carmen Juanatey Dorado, "Responsabilidad penal omissiva del fabricante o productor por los daños a la salud derivados de productos introducidos correctamente en el mercado", *ADPCC LVII* (2004), p. 5375.

[144] Neste sentido, de modo mais desenvolvido, Susana Aires de Sousa, "A responsabilidade criminal do dirigente...", *op. cit.*, p. 1030 e ss.

[145] Disponível em www.dgsi.pt (juiz relator Marques Salgueiro).

CAPÍTULO II – A RESPONSABILIDADE PENAL DOS ADMINISTRADORES

ao art. 82.º, 1 e 2 *c)* do Decreto-Lei 28/84, de 20/01) e da contra-ordenação prevista no artigo 58.º do mesmo diploma".

Somos assim chegados a uma *outra conclusão*, referente ao terceiro problema: a responsabilidade do dirigente empresarial por omissão implica a comprovação de elementos necessários à fundamentação da autoria; implica situar o facto criminoso na *esfera de responsabilidade* do agente (e não apenas e de forma generalizada associá-la ao cargo administrativo exercido) e, *cumulativamente*, que sobre ele recaia *individualmente* o dever de intervir e prevenir a eventual actuação criminosa. Só neste caso será possível fundamentar-se o juízo de *censura* próprio da culpabilidade penal, sem que se caia numa presunção de culpabilidade contrária aos mais elementares princípios de um Estado de direito democrático, em particular e de modo evidente, os princípios da dignidade humana e de um devido processo legal enquanto pilares estruturantes da presunção de inocência.

CAPÍTULO III
A RESPONSABILIDADE PENAL DA PESSOA COLECTIVA

1. Breve nota histórica

A controvérsia doutrinal em torno das dificuldades de responsabilização criminal das pessoas individuais que ocupam cargos de direcção empresarial seria um factor igualmente determinante para a afirmação de uma responsabilidade criminal do próprio ente colectivo. Com efeito, estas dificuldades contribuiriam decisivamente para a formulação e desenvolvimento de propostas doutrinárias que procuram estabelecer um direito penal do ente colectivo, tanto no plano da imputação do facto criminal, como no domínio sancionatório, como ainda na construção de um direito processual da pessoa colectiva.

Note-se, porém, que o problema da responsabilidade da pessoa colectiva não surge no século XX, associado a um cenário de grandes empresas, dotadas de uma enorme dimensão e de uma capacidade danosa considerável. Na verdade, como bem sublinha Jorge Reis Bravo[146], à temática da responsabilização criminal do ente colectivo não foi totalmente estranha à evolução histórica dos ordenamentos jurídicos, ainda que não acompanhando o moderno desenvolvimento da teoria da infracção penal. A ideia de fazer responder o ente colectivo

---

[146] Jorge Reis Bravo, *Direito Penal de Entes Colectivos. Ensaio sobre a Punibilidade de Pessoas Colectivas e Entidades Equiparadas*, Coimbra: Coimbra Editora, 2008, p. 33 e ss.

QUESTÕES FUNDAMENTAIS DE DIREITO PENAL DA EMPRESA

pelos danos causados por decisões tomadas em seu benefício é, na verdade, uma ideia antiga. Bem mais recente é o problema da compatibilização, no plano da teoria da infracção penal, de uma responsabilidade criminal do ente colectivo com as categorias e fundamentos de uma responsabilidade penal que assenta na vontade da pessoa humana em realizar e controlar ou dominar um acontecimento criminoso. É este o núcleo problemático essencial de uma responsabilidade dita moderna da pessoa jurídica: a questão da imputação objectiva e subjectiva do facto criminoso ao ente colectivo.

Não se cuidará de retratar a evolução histórica da responsabilidade da pessoa colectiva. Uma tarefa desse tipo esgotaria as páginas deste estudo, desde logo pela complexidade imposta pelo confronto de evolução entre sistemas jurídicos distintos, mas também porque em grande medida esse estudo foi já empreendido em várias obras de fundo[147].

Todavia, dar-se-á conta, ainda que de modo muito breve, de alguns marcos essenciais desta evolução em sistemas jurídicos de base romanística. Como se reconhece em muitos dos textos e monografias dedicados à evolução da responsabilidade criminal da pessoa jurídica, esta questão não é recente ou nova, sendo já concebível no direito romano, ainda que não se vislumbrasse então o conceito jurídico de ente colectivo[148]. Este principiar de autonomização da colectividade concretizava-se, de forma mais ou menos clara, na distinção entre os direitos e as obrigações da *universitas* e os dos seus membros – os *singuli*. Uma das colectividades com maior importância e significado era, no direito romano, o município, sendo-lhe reconhecida, como bem evidencia Silvina Bacigalupo referindo-se ao Digesto e a Ulpiano, a capacidade de responder pela prática de delitos: por exemplo, quando o cobrador de impostos fizesse

---

[147] A título de exemplo, veja-se a obra de Silvina Bacigalupo, *La Responsabilidad Penal de las Personas Jurídicas*, Barcelona: Bosch, 1998, p. 41 e ss. Na doutrina portuguesa cabe evidenciar o estudo de João Castro e Sousa, *As Pessoas Colectivas em face do Direito Criminal e do Chamado "Direito de Mera Ordenação Social"* Coimbra: Coimbra Editora, 1985, p. 23 e ss.

[148] Sobre esta evolução veja-se, de forma desenvolvida, Sérgio Salomão Shecaira, *Responsabilidade Penal da Pessoa Jurídica*, Rio de Janeiro: Elsevier Editora, 2011, p. 1 ss.; Cezar Roberto Bitencourt, "Reflexões dobre a responsabilidade penal da pessoa jurídica", *in: Responsabilidade Penal da Pessoa Jurídica e Medidas Provisórias e Direito Penal* (coord. Luiz Flávio Gomes), São Paulo: Editora Revista dos Tribunais, 1999, p. 51 e ss.; Fernando Torrão, *Societas Delinquere Potest? Da responsabilidade Individual e Colectiva nos "Crimes de Empresa"*, Coimbra: Livraria Almedina, 2010, p. 19.

CAPÍTULO III – A RESPONSABILIDADE PENAL DA PESSOA COLECTIVA

cobranças indevidas, enganando os contribuintes e enriquecendo a cidade indevidamente, podia ser iniciada uma acção contra o município – a *actio de dolo malo*. Todavia, em causa não está ainda de forma segura uma *vontade colectiva* como fundamento da punição da *colectividade*, mas antes a imputação de um dano causado a terceiros por decisões dos seus membros. Não obstante, estão assim lançadas as raízes do que viria a ser uma responsabilização colectiva distinta da responsabilidade individual[149], independentemente da questão primária, geradora de maior controvérsia na literatura, coincidente com a questão de saber se o ente colectivo dispunha, no direito romano, de uma autêntica personalidade jurídica, composta por direitos e obrigações próprios e autónomos[150].

É, contudo, no início da Idade Média, com a importância que vem a reconhecer-se às corporações, pela sua relevância económica e política, que progressivamente se reclama a responsabilização, surgindo a punição como uma forma de controlo da sua actuação. Neste sentido, como nos dá conta Silvina Bacigalupo[151], a corporação era tida como ente capaz de delinquir. O delito ser-lhe-ia imputado quando a decisão da sua realização fosse tomada pelo conjunto dos seus membros ou pelos administradores em representação destes. Deste modo, ainda que acção fosse individualmente executada, repercutir-se-ia pela corporação caso tivesse sido aprovada por ela, *rectius*, pelos seus membros.

Nesta evolução é frequentemente sublinhado o contributo dado pelos canonistas numa primeira tentativa de definir uma teoria jurídica da pessoa colectiva, aceitando que a *universitas* tem uma capacidade jurídica independente e autónoma da dos seus membros. Surge assim o conceito de pessoa colectiva como "entidade distinta da soma dos seus membros titular de direitos e obrigações próprias"[152]. Entidades colectivas seriam desde logo a Igreja, mas também as corporações e, em particular, as corporações

---

[149] Silvina Bacigalupo, *La Responsabilidad...*, *op. cit.*, p. 44.
[150] Sobre esta questão, João Castro e Sousa, *As Pessoas Colectivas...*, *op. cit.*, p. 26. Também, com adicionais referências bibliográficas, veja-se na literatura portuguesa, entre outras, as seguintes obras: Fernando Torrão, *Societas Delinquere Potest...*, *op. cit.*, p. 22; Jorge Reis Bravo, *Direito Penal de Entes Colectivos*, Coimbra: Coimbra Editora, 2009, p. 33 e ss.
[151] Silvina Bacigalupo, *La Responsabilidad...*, *op. cit.*, p. 46.
[152] João Castro e Sousa, *As Pessoas Colectivas...*, *op. cit.*, p. 28.

QUESTÕES FUNDAMENTAIS DE DIREITO PENAL DA EMPRESA

eclesiásticas. Reconhecendo-se autonomia jurídica à entidade eclesiástica, sustenta-se ainda que os titulares dos direitos eclesiásticos não são os membros da comunidade religiosa, mas Deus na figura do seu representante terrestre. A entidade eclesiástica passa a ser um titular de direitos, distinguindo-se, pela primeira vez, "o conceito jurídico de pessoa e o conceito real de pessoa como ser humano"[153]. Nesta ruptura da identificação da corporação eclesiástica com as pessoas individuais encontram alguns autores a origem do conceito de pessoa jurídica[154]. Consequentemente, a autonomização e separação da personalidade jurídica da pessoa colectiva permitia sustentar, de forma autónoma, a sua responsabilidade e, em especial, a sua responsabilização penal. Na sua maioria[155], os canonistas assumiram como princípio *universitas et ecclesia delinquere possunt*.

A doutrina da responsabilidade colectiva manter-se-ia por alguns séculos. O cenário altera-se de forma decisiva com o Iluminismo, já no século XVIII, ao afastar-se a pessoa colectiva do domínio penal. Esta modificação deve-se sobretudo à nova compreensão da pessoa humana e à sua predominância como figura central da sociedade. Por sua vez, uma nova concepção do Estado, livre do autoritarismo absolutista, elege como valor fundamental a liberdade e a autodeterminação individuais. O que, consequentemente, fundamenta uma responsabilidade de natureza individual, assente no exercício pessoal daquela liberdade.

A ideia fundamental que marcará a transição para o século XIX quanto ao tema que nos ocupa é a de que a "libertação do indivíduo de todas as relações autoritárias leva necessariamente a recusar todo o tipo de responsabilidade colectiva"[156]. Negava-se, assim, a capacidade de delinquir às pessoas colectivas[157], pela sua impossibilidade de actuar, e, sobretudo, pela sua incapacidade

---

[153] Cf. Cezar Roberto Bitencourt, "Reflexões dobre a responsabilidade penal da pessoa jurídica...", *op. cit.*, p. 54. Também Fernando Torrão, *Societas Delinquere Potest, op. cit.*, p. 31.

[154] Cezar Roberto Bitencourt, "Reflexões sobre a responsabilidade penal da pessoa jurídica", *op. cit.*, p. 54.

[155] São várias as obras que destacam uma corrente minoritária, encabeçada pelo Papa Inocêncio IV, defensora de que a pessoa colectiva, sendo abstracta e ideal, nada mais era do que uma ficção, não podendo ser responsabilizada. Cf. João Castro e Sousa, *As Pessoas Colectivas...*, *op. cit.*, p. 28. Também Silvina Bacigalupo, *La Responsabilidad ..., op. cit.*, p. 48.

[156] Silvina Bacigalupo, *La Responsabilidade..., op. cit.*, p. 54.

[157] Um forte contributo para a negação da responsabilidade penal da pessoa jurídica pode encontrar-se na teoria da ficção de Savigny, amplamente retratada e desenvolvida pela literatura.

CAPÍTULO III – A RESPONSABILIDADE PENAL DA PESSOA COLECTIVA

de compreender o sentido e a finalidade reconhecidos à sanção penal. Na clara síntese de Malbanc, um dos autores mais representativos desta posição, "a responsabilidade penal da pessoa jurídica é insustentável"[158]. A responsabilidade colectiva mostra-se, deste modo, incompatível com a força e a intensidade da ideia de liberdade e de autodeterminação do indivíduo conquistadas pela revolução francesa.

A viragem do século XVIII levaria à consagração do princípio *societas delinquere non potest*[159] até à segunda metade do século XX na maioria dos países continentais europeus. O aparecimento de um novo tipo de criminalidade empresarial na segunda metade do século, mais complexo, mais organizado e com consequências mais penosas, fez emergir a necessidade de novas respostas e, consequentemente, a crítica daquele princípio.

Sublinhe-se, porém, que nos países de *common law* esta responsabilidade criminal vinha sendo admitida pelos tribunais pelo menos desde finais do século XIX e durante todo o século XX, tornando-se este regime de responsabilização dos entes colectivos uma das notas distintivas mais referenciadas na literatura penal, ao longo do século passado[160].

A tendência para aceitar a responsabilização penal das pessoas colectivas surgiu motivada, por um lado, pela confirmação de que eram as grandes empresas que, em determinadas áreas específicas da criminalidade, *v. g*, económica, ambiental, fiscal, mais delinquíam e mais danos provocavam. Por outro lado, o reconhecimento desta responsabilidade procurou dotar a justiça penal de uma maior eficácia no âmbito do combate e prevenção da criminalidade empresarial; este tipo de responsabilização colectiva permitia, em certa medida, ultrapassar as dificuldades de imputação individual, acentuadas num contexto de empresas de grande dimensão. Este actividade delituosa, de natureza organizativa ou empresarial, mais complexa e plurisubjectiva, ultrapassava o horizonte conceptual e originário das categorias clássicas,

---

Uma síntese deste contributo pode ler-se em Silvina Bacigalupo, *La Responsabilidad...*, *op. cit.*, p. 57 e ss.

[158] Silvina Bacigalupo, *La Responsabilidade...*, *op. cit.*, p. 55.

[159] Cf. Klaus Tiedemann, *Lecciones de Derecho Penal Económico (Comunitario, español alemán)*, Barcelona: PPU, 1993, p. 233.

[160] Iñigo Ortiz Urbina Gimeno, "Responsabilidad penal de las personas jurídicas: the american way", *Responsabilidad de la Empresa y Compliance* (org. Santiago Mir Puig *et al.*), Madrid, Buenos Aires: IBdeF, 2014, p. 37.

QUESTÕES FUNDAMENTAIS DE DIREITO PENAL DA EMPRESA

quer do direito penal substantivo quer do direito processual penal (pense-se, por exemplo, nas categorias próprias da comparticipação[161]).

Estas novas exigências político-criminais, testemunhadas pela dificulda-de em atribuir responsabilidades no contexto empresarial, concretizam-se, de certo modo, em lacunas de punibilidade e de tutela de interesses sociais e económicos, comunitariamente reconhecidos como valiosos[162]. Uma das soluções possíveis, mesmo em países do continente europeu onde a tradição legal impunha como regra o princípio da responsabilidade penal das pessoas físicas, passaria por deixar cair o princípio *societas delinquere non potest*.

Essa tendência inicia-se com a previsão da responsabilidade criminal das pessoas colectivas na lei penal francesa, em 1994, ou na lei belga, em 1999. Nos últimos anos, a inclusão da responsabilidade criminal dos entes colec-tivos no Código Penal teve lugar em países considerados tradicionalmente avessos a uma responsabilidade criminal desta natureza, como ocorreu, em 2010, no âmbito do código penal espanhol. Na Europa continental, a abertura à responsabilização penal da pessoa colectiva foi-se alargando, para além dos ordenamentos jurídicos já referidos, a países como a Áustria, Dinamarca, Estónia, Eslovénia, Eslováquia, Holanda, Finlândia, Hungria, Irlanda, Lu-xemburgo, Suíça ou Portugal. Do outro lado, procurando manter a fidelidade àquele princípio e recusando, pelo menos formalmente, uma responsabilidade criminal dos entes colectivos, encontram-se a Alemanha, a Bulgária, a Grécia, a Itália, ou a Lituânia.

Todavia, ao retratar esta tendência de responsabilização, também criminal, dos entes colectivos, sentida não só na Europa como no mundo, não pode desconsiderar-se a forte influência exercida pelas organizações europeias e internacionais no combate a determinado tipo de criminalidade, como a criminalidade económica, a criminalidade organizada, o terrorismo ou a cri-minalidade sexual. Com efeito, são já consideráveis as indicações, por parte da União Europeia, mas também por parte de organismos internacionais, no sentido de responsabilizar o ente colectivo. A título meramente ilustrativo, tome-se como exemplo, no plano europeu, a Directiva (EU) 2017/1371 do

---

[161] Sobre este problema *supra* Cap. II.
[162] Cf. Jorge de Figueiredo Dias, *Direito Penal. Parte Geral*, Tomo I, Coimbra Editora, 2007, p. 280.

CAPÍTULO III – A RESPONSABILIDADE PENAL DA PESSOA COLECTIVA

Parlamento Europeu e do Conselho, de 5 de Julho de 2017, relativa à luta contra a fraude lesiva dos interesses financeiros da União através do direito penal, que no seu artigo 6.º estabelece que "Os Estados-Membros tomam as medidas necessárias para assegurar que as pessoas colectivas possam ser responsabilizadas pelas infracções penais lesivas dos interesses financeiros da União Europeia quando cometidas em seu benefício". Cláusulas deste tipo podem ainda encontrar-se em outros diplomas da União Europeia, mas também em convenções internacionais, por exemplo em matéria de criminalidade organizada[163], de corrupção[164], de branqueamento de capitais[165], ou de crimes sexuais contra menores[166]. Compreende-se, assim, que esta tendência de responsabilização no plano legal do ente colectivo tenha na sua base,

---

[163] Como exemplo pode apontar-se a *Convenção das Nações Unidas contra a Criminalidade Organizada Transnacional*, de 15 de Novembro de 2001, ratificada por Portugal em 2004, que no seu artigo 10.º, n.º 1, referente à responsabilidade das pessoas colectivas, estabelece que "Cada Estado Parte deverá adoptar as medidas necessárias, em conformidade com o seu ordenamento jurídico, para responsabilizar as pessoas colectivas que participem em crimes graves envolvendo um grupo criminoso organizado e que cometam as infracções enunciadas nos artigos 5.º, 6.º, 8.º e 23.º da presente Convenção".

[164] É o caso da *Convenção contra a Corrupção de Agentes Públicos Estrangeiros nas Transacções Comerciais Internacionais*, aprovada em Paris, a 17 de Dezembro de 1997, sob a égide da OCDE, que no seu artigo 2.º estabelece que as Partes tomarão as medidas necessárias, em conformidade com os seus princípios jurídicos, para responsabilizar as pessoas colectivas em caso de corrupção de um agente público estrangeiro. Esta Convenção seria transposta para o direito português pela Lei n.º 13/2001, de 4 de Junho de 2001. Também, nesta matéria, atenda-se à *Convenção do Conselho da Europa contra a Corrupção*, de 27 de Janeiro de 1999 que, no seu artigo 18.º (Corporate Liability), n.º 1, estabelece: "Each Party shall adopt such legislative and other measures as may be necessary to ensure that legal persons can be held liable for the criminal offences of active bribery, trading in influence and money laundering established in accordance with this Convention, committed for their benefit by any natural person, acting either individually or as part of an organ of the legal person (...)".

[165] Também o artigo 10.º da *Convenção do Conselho da Europa relativa ao branqueamento, detecção, apreensão e perda dos produtos do crime e ao financiamento do terrorismo* toma por epígrafe *Corporate Liability* e prevê que "Each Party shall adopt such legislative and other measures as may be necessary to ensure that legal persons can be held liable for the criminal offences of money laundering established in accordance with this Convention, committed for their benefit by any natural person, acting either individually or as part of an organ of the legal person (...)".

[166] Também a *Convenção do Conselho da Europa para a Protecção das Crianças contra a Exploração Sexual e os Abusos Sexuais*, de 25 de Outubro de 2007, dispõe, no seu artigo 26.º, a cláusula sobre a *Corporate Liability*, nos termos da qual "cada Parte toma as necessárias medidas legislativas ou outras para garantir que as pessoas colectivas possam ser responsáveis pelas infracções penais estabelecidas em conformidade com a presente Convenção, quando cometidas

QUESTÕES FUNDAMENTAIS DE DIREITO PENAL DA EMPRESA

mais do que uma mera ideia de eficácia ou de prevenção da criminalidade, uma forte pressão dos organismos internacionais.

Ainda assim, os diplomas referidos não impõem como única via uma responsabilidade criminal do ente colectivo, admitindo outras formas de responsabilização, desde que efectivas.

2. Modelos de responsabilização da pessoa colectiva

A necessidade de responsabilizar juridicamente a pessoa colectiva impôs-se tanto no plano nacional como internacional. Todavia, o modo de efectivação e a natureza atribuída a essa responsabilidade têm conhecido oscilações nos ordenamentos jurídicos que a contemplam, reconhecendo-se e adoptando-se, em alguns casos, uma verdadeira responsabilidade criminal ou, de outro lado, reafirmando-se a recusa em abrir mão do princípio *societas non delinquere potest*.

Klaus Tiedemann autonomiza cinco modelos diferentes, mais ou menos seguidos pelos legisladores nacionais, de responsabilização das pessoas colectivas[167]. Enunciam-se essas propostas, de modo muito sintético e seguindo de perto a lição daquele professor alemão; acrescente-se, porém, que os modelos podem surgir não apenas na sua forma mais simples, mas conjugando-se e combinando elementos (por exemplo, reconhecendo-se a par da responsabilidade criminal uma responsabilidade civil pelos danos causados).

2.1 A responsabilidade civil (subsidiária ou cumulativa)

Em sistemas jurídicos que recusam a responsabilidade criminal do ente colectivo ao abrigo do princípio *societas delinquere non potest* tem-se optado pela responsabilidade civil da pessoa colectiva e pela aplicação de multas e indemnizações, isoladamente ou em conjunto com outro tipo de sanções. O grande problema apontado a esta solução reside na sua ineficácia. As indemnizações

no interesse colectivo por qualquer pessoa singular, agindo individualmente ou como membro de um órgão da pessoa colectiva (...)".
[167] Cf. "Responsabilidad penal de personas jurídicas y empresas en el derecho comparado", *in: Responsabilidade Penal da Pessoa Jurídica e Medidas Provisórias e Direito Penal* (coord. Luiz Flávio Gomes), São Paulo: Editora Revista dos Tribunais, 1999, p. 28.

CAPÍTULO III – A RESPONSABILIDADE PENAL DA PESSOA COLECTIVA

podem ser ponderadas como custos pela maioria das empresas, considerando-
-se a reparação do dano como um custo que compensa suportar. À mera
reparação civil do dano, sem natureza punitiva, não se reconhece, por outro
lado, qualquer finalidade preventiva da actuação criminosa. Deste modo, este
modelo tem sido considerado como insuficiente do ponto de vista preventivo
e de cumprimento da finalidade da sanção.

2. 2 A responsabilidade administrativa

Como forma de responder à ineficácia da responsabilidade civil, prevê-se em
alguns ordenamentos jurídicos (*v. g.*, na Alemanha ou em Itália) a possibilidade
de sancionar a pessoa colectiva ligada à prática de infracções criminais com
sanções de natureza administrativa aplicadas por autoridades administrativas ou judiciárias. Entre estas sanções assume particular relevância a sanção
pecuniária. Este modo de responsabilização tem vindo a ganhar uma enorme
expressão quantitativa como forma de garantia da sua eficácia, nomeadamente
no plano europeu. Todavia, não deixa de ser, na sua essência, uma sanção
pecuniária e, como tal, numa pura análise económica de custos-benefícios, a
sua eficácia preventiva pode revelar-se também questionável, na maioria das
vezes. Por outro lado, se se pretende aumentar este efeito por via da criação
de outras medidas sancionatórias, adicionais à sanção pecuniária, incorre-se
no risco de se estabelecer de facto sanções penais, ainda que formalmente se
lhe atribua outra natureza, estando assim subtraídas às garantias criminais
constitucionalmente reconhecidas à pena.

Costuma apontar-se a legislação alemã como exemplo de um modelo de
responsabilidade sancionatória administrativa dos entes colectivos. A *Ordnun-*
gswidrikeitengesetz prevê a aplicação de uma sanção pecuniária, sob certas condições, aos entes colectivos pela prática de crimes ou de contra-ordenações.
A literatura maioritária considera que em causa está uma responsabilidade
sancionatória administrativa, muito embora seja discutida, na doutrina, a
natureza (penal ou não penal) desta sanção[168]. Em causa está o parágrafo 30.º
da OWiG que prevê uma sanção pecuniária aplicável a pessoas colectivas e

---

[168] Cf., com adicionais referências bibliográficas, Peter Lewisch, "Corporate criminal liability
for foreign bribery: perspectives from civil law jurisdictions within the European Union",
Law and Financial Markets Review, 2018, Vol. 12, n.º 1, p. 33.

QUESTÕES FUNDAMENTAIS DE DIREITO PENAL DA EMPRESA

associações quando um representante ou titular do órgão da pessoa colectiva cometa uma infracção criminal ou de mera ordenação social em violação dos deveres que recaem sobre a pessoa colectiva e em benefício desta. Estas sanções pecuniárias têm como limite máximo 10 milhões de euros, em caso de actuação dolosa, ou 5 milhões de euros para condutas negligentes, nos termos do n.º 2 daquela norma. O debate sobre a responsabilidade criminal dos entes colectivos não está porém terminado na Alemanha, tendo sido recentemente apresentado por um grupo de professores e investigadores da Faculdade de Direito da Universidade de Colónia um *Projecto de Sanções (e Normas Processuais)* para entes colectivos pela prática de crimes[169].

Também em Itália se discute a natureza jurídica da responsabilidade das pessoas colectivas, inscrita no Decreto Legislativo 231/2001, muito embora este diploma expressamente a qualifique como "amministrativa". A literatura oscila, pelo menos, entre três posições distintas[170]: a primeira no sentido de uma verdadeira responsabilidade criminal dos entes colectivos, prevendo-se sanções que vão para além da pena pecuniária; a segunda, acolhendo o elemento literal, concebe aquela responsabilidade como administrativa tal como é definida na letra da lei; e, em terceiro lugar, aponta-se um *tertium genus,* de carácter híbrido que combina elementos penais e administrativos, no sentido de se prever uma responsabilidade específica, própria e culposa para as pessoas colectivas, que se mostre efectiva mas igualmente cumpridora das garantias do direito sancionatório[171].

2.3 Modelos e medidas mistas

Uma outra tendência em certa medida enunciada no final do parágrafo anterior consiste em fazer assentar a punição das pessoas colectivas num direito sancionador próprio que, independentemente da sua qualificação como penal,

---

[169] O projecto pode ser consultado em http://www.jpstrafrecht.jura.uni-koeln.de/sites/ iss_juniorprof/Projekte/Koelner_Entwurf_eines_Verbandssanktionengesetzes__2017.pdf

[170] Chiara Tebano, "L'ente quale centro di imputazione di responsabilità nel processo penale ai sensi del d. lgs.231/2001", *RCVS* (2015), Vol. IX, n.º 3 (Settembre-Dicembre), p. 22. Veja-se ainda, sobre esta questão, com adicionais e diversas referências bibliográficas e jurisprudenciais, Giulio di Simone, *Persone Giuridiche e Responsabilità da Reato. Profili storici, dogmatici e comparatistici,* Firenze, Edizione ETS, 2012, p. 324 e ss.

[171] Giulio di Simone, *Persone Giuridiche e Responsabilità da Reato, op. cit.,* p. 329.

CAPÍTULO III – A RESPONSABILIDADE PENAL DA PESSOA COLECTIVA

administrativa, ou puramente securitária, combinaria elementos de vários ramos do direito.

Entre os países que reconhecem de forma mais alargada a responsabilidade das pessoas colectivas pela prática de crimes, expandiu-se correspondentemente o leque de sanções que podem ser aplicadas aos entes jurídicos. É assim por exemplo no ordenamento norte-americano, onde as medidas aplicadas aos entes colectivos pela prática de crimes superam o mero pagamento de multas. Um exemplo deste tipo de medidas é a *corporate probation*, concretizada na imposição de deveres e na supervisão do funcionamento da empresa por um período de tempo; os seus pressupostos e linhas de orientação estão, em grande parte, definidos no Capítulo VIII, Parte D, das *Organizational Guidelines* da *United States Sentencing Comission*[172].

Também a lei francesa, no artigo 131-39 do Código Penal, prevê um conjunto de penas e medidas sancionatórias aplicáveis aos entes colectivos condenados pela prática de crimes. Recentemente, foi incluído neste diploma uma nova medida, específica para crimes de corrupção, prevista no artigo 131-39-2, introduzida pela Lei n.º 2016-1691, de 9 de Dezembro de 2016, segundo a qual a pessoa colectiva pode ser condenada a submeter-se a um programa de *compliance* sob o controlo da Agência Francesa anticorrupção por um período máximo de cinco anos.

Em Portugal, a introdução no Código Penal em 2007 da responsabilidade criminal das pessoas colectivas veio acompanhada, nos artigos 90.º-A e seguintes, de um considerável leque de penas, principais, acessórias e de substituição, aplicáveis à pessoa colectiva; algumas delas constituíram uma verdadeira novidade no ordenamento jurídico português, por exemplo, a vigilância judiciária (artigo 90.º-E) enquanto pena de substituição da pena de multa que deva ser aplicada em medida não superior a 600 dias, concretizada no acompanhamento da pessoa colectiva por um representante judicial nomeado pelo tribunal, pelo prazo de um a cinco anos. Todavia, todas estas formas de reacção são tidas, pelo menos formalmente, como verdadeiras penas criminais.

---

[172] Disponível em https://www.ussc.gov/guidelines/2016-guidelines-manual/2016-chapter-8. Sobre a origem e análise crítica desta medida, veja-se Christopher A. Wray, "Corporate Probation Under the New Organizational Sentencing Guidelines", *Yale Law Journal*, Vol. 101 (1992), p. 2017 e ss.

QUESTÕES FUNDAMENTAIS DE DIREITO PENAL DA EMPRESA

Se é certo que algumas destas medidas apresentam em seu favor a vantagem de almejarem uma efectiva responsabilidade dos entes colectivos, sobram reservas quando à sua exequibilidade prática. Do ponto de vista jurídico, não escapam a questionamentos, designadamente quanto à sua conformidade constitucional, pelo conflito aberto com alguns direitos fundamentais, designadamente com o direito à propriedade privada.

2.4 As medidas de segurança

Não pode deixar de se referir um outro modelo que mereceu o acolhimento de alguma doutrina. Em causa está a proposta de aplicar às pessoas colectivas medidas que, constituindo ainda uma forma de reacção criminal, têm uma natureza diferente das penas e que no direito penal clássico são aplicáveis em nome da perigosidade dos agentes. A proposta consiste em transpor essas medidas de segurança para o plano da criminalidade empresarial, concebendo-se os delitos cometidos no âmbito da empresa e em seu benefício como expressão da perigosidade da própria empresa. Como explica claramente e com extensos argumentos João Castro e Sousa[173], esta proposta pretende ultrapassar algumas das objecções dirigidas à aplicação de penas a entes colectivos, assentes designadamente no princípio da pessoalidade das sanções penais e nas finalidades reconhecidas à pena, necessariamente associadas à censura da pessoa individual que cometeu o crime. Todavia, também esta construção se vê enredada na dificuldade em sustentar a prática de um facto típico e ilícito pelo sujeito empresa, isto é, na incapacidade de acção reconhecida ao ente colectivo[174].

2.5 A responsabilidade criminal do ente colectivo

No mundo anglo-saxónico e em geral nos países próximos ao sistema do *Common Law* tem-se como regra o reconhecimento da responsabilidade criminal da pessoa colectiva. Basta mencionar países como Inglaterra ou os Estados Unidos, que desde meados do século XIX admitem a responsabilidade penal

[173] De modo desenvolvido, em *As Pessoas Colectivas...*, *op. cit.*, p. 110 e ss.
[174] Sobre esta questão, prescindindo da exigência da prática de uma acção jurídico-penalmente relevante, João Castro e Sousa, *As Pessoas Colectivas...*, *op. cit.*, p. 125 e s.

CAPÍTULO III – A RESPONSABILIDADE PENAL DA PESSOA COLECTIVA

das pessoas jurídicas, mas também outros países como Austrália, Canadá ou Japão. Como já se referiu, no universo europeu há uma tendência crescente para fazer responder criminalmente a pessoa colectiva.

Todavia, os regimes legais são de uma enorme diversidade, tanto nos requisitos legalmente exigidos para que se possa atribuir o facto à pessoa jurídica, como nas penas aplicáveis ao ente colectivo, ou ainda no regime processual que lhes seja aplicável.

Na base desta diversidade estão não só as desigualdades próprias dos sistemas jurídicos, como as dificuldades dogmáticas, substantivas e processuais, em fazer responder criminalmente o ente colectivo. Como se constrói, no cumprimento das garantias e dos princípios conformadores do direito penal a imputação do facto criminoso à pessoa colectiva? É a pessoa colectiva capaz de acção? E capaz de culpa?

3. Os modelos de imputação do facto criminal à pessoa colectiva

A questão da imputação do facto criminal à pessoa colectiva está naturalmente ligada à capacidade de a pessoa jurídica, enquanto agente abstracto, poder agir e poder fazê-lo com culpa. Em que circunstâncias e sob que condições se pode atribuir um facto com relevância criminal à pessoa colectiva sem cair numa responsabilidade puramente objectiva pelo dano causado? E, do ponto de vista subjectivo, como pode afirmar-se a culpa da pessoa colectiva? A literatura penal sobre estes problemas é hoje extensa, quase inabarcável, bem como as distintas propostas doutrinárias nela contidas[175]. Faremos assim uma breve e descritiva síntese dos dois grandes modelos de atribuição do facto ao ente colectivo.

3.1 Os modelos de hetero-responsabilidade e de auto-responsabilidade

De forma resumida, podemos no essencial falar em dois modelos dogmáticos que relevam para a imputação do facto criminal à pessoa colectiva: de

---

[175] Fundamental para a compreensão das propostas doutrinárias mais representativas é a obra coordenada por Carlos Gómez-Jara Díez, *Modelos de Autorresponsabilidade Penal Empresarial. Propuestas Globales Contemporáneas*, Cizur Menor: Editorial Aranzadi, 2006.

QUESTÕES FUNDAMENTAIS DE DIREITO PENAL DA EMPRESA

um lado, *o modelo de hetero-responsabilidade* ou de *responsabilidadade derivada, vicarial* ou *indirecta,* que funda a responsabilidade da pessoa jurídica no facto praticado por pessoas individuais a ela organicamente ligadas e que, como seus representantes, actuam em seu nome e no seu interesse; de outro lado, um modelo *de auto-responsabilidade* ou *responsabilização directa,* que procura construir a responsabilidade criminal da pessoa colectiva de forma autónoma, baseada em pressupostos próprios e distintos da responsabilidade individual das pessoas singulares que a ela se ligam[176].

Os pressupostos de que depende, em cada um dos modelos, a *imputação do facto criminal* à pessoa colectiva são distintos. Assim:

a) No primeiro modelo toma-se o facto realizado por um terceiro "qualificado" – por ser seu representante ou titular de órgão – no exercício das suas funções, que actua em nome e no interesse da pessoa colectiva. O facto imputa-se à pessoa jurídica atendendo à especial relação interna entre ela e as pessoas que realizaram o facto, pertencentes ao círculo de comando, de direcção ou de representação do ente colectivo. A prática do facto por *aquela* pessoa singular, especialmente qualificada, e a sua realização no contexto empresarial, porquanto em nome e no interesse da pessoa colectiva, faz aparecer aquele facto criminal, pelo menos no plano normativo, como um facto imputável e por isso pertença do ente jurídico. Como tal, também a este último se atribui agora uma responsabilidade própria por aquele facto.

A actuação da pessoa individual surge aqui como substrato de actuação e de vontade da pessoa colectiva com quem a pessoa singular mantém um vínculo funcional, pelos poderes e deveres que detém enquanto titular de órgão colectivo.

---

[176] Cf. Silvina Bacigalupo, *La Responsabilidad...,* p. 148 e ss., Bernardo Feijoo Sánchez, *Derecho Penal de la Empresa e Imputación Objetiva,* Madrid: Editorial Reus, 2007, p. 131 e ss., Klaus Tiedemann, *Wirtschaftsstrafrecht,* Munique: Carl Heymanns Verlag, 2007, p. 136 e s.; entre nós, por todos, Germano Marques da Silva, *Responsabilidade Penal das Sociedades e dos seus Administradores e Representantes,* Lisboa: Verbo, 2009, p. 174 e s., com referências adicionais, e Tiago Coelho Magalhães, "Modelos de imputação do facto à pessoa colectiva em direito penal: uma abordagem do pensamento dogmático (e de direito comparado) como tentativa de compreensão do discurso legislativo", *RPCC 25,* p. 145 e ss.

CAPÍTULO III – A RESPONSABILIDADE PENAL DA PESSOA COLECTIVA

Daí que, avançando na concretização dos pressupostos deste modelo, se exija, como requisito essencial do juízo de imputação do facto à pessoa colectiva, a delimitação do círculo de pessoas singulares susceptíveis de a vincularem no plano criminal (por que a representam e a ela se ligam funcionalmente), bem como a determinação da pessoa física, do seu concreto domínio de actividade e dos deveres que sobre si recaem no contexto da organização colectiva. Só desta forma se pode aferir da gravidade, objectiva e subjectiva, do facto realizado em nome e no interesse da pessoa jurídica. Só assim se pode dizer que a pessoa colectiva actuou – por intermédio do seu representante – com a culpa, dolosa ou negligente, por ele suportada. E, consequentemente, só assim se pode escapar à censura de uma responsabilidade criminal puramente objectiva do ente colectivo[177].

b)   As exigências – e consequentes limitações – de um modelo de hetero-responsabilidade e, entre elas, a necessidade de concretizar a pessoa física que actuou em nome e no interesse da pessoa colectiva, conduziram a doutrina e a jurisprudência a propor novas soluções, algumas delas definitivamente apontadas no sentido de um modelo de responsabilidade directa do ente colectivo. Agora toma-se o facto criminalmente relevante como facto autónomo da pessoa colectiva, consagrando-se uma imputação directa, tanto da acção como da culpa, à pessoa jurídica. É assim na medida em que se se possa censurar o ente colectivo por não se ter organizado de forma a prevenir a verificação daquele facto. Neste sentido, o juízo de reprovação que lhe é dirigido toma por base uma deficiente auto-organização no sentido de impedir que o risco de lesão de bens jurídicos se concretizasse, não se exigindo que o facto seja objectiva e subjectivamente atribuído a um seu representante físico.

Trata-se assim de uma responsabilidade colectiva por *defeito na organização*, iniciada no pensamento de Klaus Tiedemann e posteriormente concretizada e desenvolvida em propostas de responsabilidade

---

[177]   Sobre esta questão, também Germano Marques da Silva, *Responsabilidade Penal...*, *op. cit.*, p. 182.

autónoma da pessoa colectiva de pendor funcionalista ou sistémico, de que são exemplo a teoria do *domínio de organização funcional-sistémico* de Günter Heine[178] ou o *modelo construtivista* de uma responsabilidade empresarial proposto por Carlos Gómez-Jara Díez[179].

3.2 A culpa da pessoa colectiva

Não se faltará à verdade se se afirmar que maiores dificuldades sentidas pela doutrina na afirmação da responsabilidade criminal da pessoa colectiva se situam na conformidade da culpa da pessoa colectiva ao direito penal vigente e às categorias legais do dolo e da negligência. O esforço da doutrina tem sido assinalável. A título de exemplo, enunciam-se algumas propostas doutrinárias que procuram fundamentar e legitimar uma culpa do ente colectivo.

3.2.1 A culpa por defeito da organização, proposta por Klaus Tiedemann

Klaus Tiedemann admite a autoria da pessoa colectiva, apesar de o facto criminoso ser praticado através dos seus órgãos e representantes, de modo semelhante ao que se verifica em situações de comparticipação conhecidas pelo direito penal como co-autoria ou autoria mediata[180]. Todavia, na visão deste professor alemão, seria necessário substituir o conceito tradicional de culpa por um conceito de culpa ajustado à realidade da pessoa colectiva: a culpa por defeito da organização (*Organizationsmangel*[181]) concretiza-se num juízo de censura dirigido à pessoa colectiva por ela não ter tomado, em devido tempo, as necessárias precauções para que, em seu nome e no seu interesse, fossem praticados factos ilícitos. A pessoa jurídica é culpada por não ter adoptado as necessárias medidas de controlo e vigilância que permitiriam evitar o cometimento de factos criminosos pelos seus membros.

---

[178] *Die strafrechlichte Verantwortlichkeit von Unternehmen: von individuellem Fehlverhalten zu kollektiven Fehlentwicklungen, inbesondere bei Grossrisiken*, Baden-Baden: Nomos, 1995.

[179] Cf. Carlos Gómez-Jara Díez, " El modelo construtivista de autorresponsabilidad penal empresarial, *Modelos de Autorresponsabilidad Penal Empresarial, op. cit.*, p. 93 e ss.

[180] Cf. *Leciones de Derecho Penal Económico..., op. cit.*, 234.

[181] Klaus Tiedemann, *Wirtschaftsstrafrecht, op. cit.*, p. 139, e, mais recentemente, a quinta edição da mesma obra com a colaboração de Marc Engelhart, p. 183.

CAPÍTULO III – A RESPONSABILIDADE PENAL DA PESSOA COLECTIVA

3.2.2 O modelo analógico, proposto por Jorge de Figueiredo Dias

Figueiredo Dias considera o ente colectivo como um centro ético-social de imputação penal (a par da pessoa humana) capaz de realizações próprias e por isso susceptível de, dentro de determinados limites, realizar acções próprias e de actuar com culpa própria[182]. Simplesmente o conceito tradicional de culpa não serve para sustentar o juízo de censurabilidade, devendo ser encontrado um conceito com finalidades e funções análogas, adequado e construído especificamente para a pessoa colectiva. A categoria de culpa é aplicável à pessoa colectiva, legitimando assim um terceiro modelo sancionatório criminal – o das pessoas colectivas – ao lado das penas individuais e das medidas de segurança.

3.2.3 O modelo dos lugares inversos, proposto por José de Faria Costa

Faria Costa, reconhecendo a pessoa jurídica como um "novo centro de imputação jurídica"[183], fundamenta a legitimidade da censura criminal das pessoas colectivas na própria capacidade conformadora da normatividade jurídica penal, através da lógica dos lugares inversos[184]. Todos os ordenamentos jurídicos criam espaços de normatividade onde se cruzam finalidades político-criminais, se exerce a força da dogmática e se concretizam os valores essenciais de uma comunidade historicamente situada. É, neste sentido, um espaço – uma realidade – construída pelo direito. Por exemplo, um menor inimputável pode actuar em termos onto-antropológicos como um adulto, tendo capacidade de valoração suficiente para lhe ser dirigido um juízo de censura. Todavia o direito penal exclui esse comportamento da discursividade jurídico-penal. O lugar inverso relativamente à imputabilidade dar-se-ia justamente no contexto da punibilidade das pessoas colectivas: se na inimputabilidade em razão da idade se restringe o sentido ontológico de acção

---

[182] Jorge de Figueiredo Dias, *Direito Penal*, Parte Geral, Coimbra: Coimbra Editora, 2007, p. 298.

[183] José de Faria Costa, *Direito Penal*, Lisboa: Imprensa Nacional da Casa da Moeda, 2017, p. 261.

[184] Cf. "Responsabilidade jurídico-penal da empresa e dos seus órgãos (ou uma reflexão sobre a alteridade nas pessoas colectivas, à luz do direito penal", *in*: *DPEE*, Vol. I, Coimbra: Coimbra Editora, 1998, p. 501 e ss. Também, *Direito Penal*, *op. cit.*, p. 263.

QUESTÕES FUNDAMENTAIS DE DIREITO PENAL DA EMPRESA

e culpa, aqui "inversamente, temos a expansão de um agir comunicacional, penalmente relevante", reconstruindo-se a noção de culpa e fazendo da pessoa colectiva um verdadeiro centro de imputação penal.

3.2.4 A culpa construtiva empresarial, proposta por William S. Laufer

O professor norte-americano William Laufer procura construir um modelo de responsabilização da pessoa colectiva, que designa de *constructive liability*, no quadro normativo pressuposto pela teoria da infracção penal. Nos termos desde modelo, procura fundamentar-se a responsabilidade do ente colectivo num acto próprio (*constructive corporation act*) e num juízo de censurabilidade próprio da pessoa colectiva (*corporate mental state*) dentro dos limites permitidos pelo direito[185]. No que respeita à culpa da empresa[186], seguindo-se também neste ponto um juízo de *constructive culpability*, o juízo de culpa (sob qualquer uma das modalidades reconhecidas no direito penal norteamericano: *intention, purpose, awareness, indiference* ou *recklessness*) é próprio da pessoa colectiva e independente das pessoas individuais, podendo ser avaliado a partir da determinação do seu estado mental, combinando elementos objectivos e subjectivos. A determinação do estado mental da empresa consegue-se atendendo às circunstâncias concretas e às características da própria empresa e não segundo um juízo hipotético (puramente objectivo) que tome como exclusivo critério a empresa responsável ou dita normal. Todavia, a partir daqueles elementos concretos – do que se conhece sobre aquela concreta empresa – deve poder concluir-se *objectivamente* se os actos da empresa manifestavam um propósito ou um descuido na prática do crime[187]. Em causa estão assim juízos de razoabilidade que permitam determinar o concreto *mental state* daquela empresa. A finalidade é assim aproximar-se o mais possível do juízo de culpa em concreto manifestado pela pessoa colectiva.

---

[185] William S. Laufer, "La culpabilidade empresarial y los limites del derecho", *in*: *Modelos de autorresponsabilidad penal empresarial* (ed. Carlos Gómez-Jara Díez), *op. cit.*, p. 69 e ss.
[186] William S. Laufer, "Corporate Bodies and Guilty Minds", *Emory Law Journal*, Vol. 43, 1994, p. 647-730.
[187] William S. Laufer, "Corporate Bodies...", *op. cit.*, p. 705.

CAPÍTULO III – A RESPONSABILIDADE PENAL DA PESSOA COLECTIVA

4. A jurisprudência brasileira e a discussão sobre a "teoria da dupla imputação"

Em jeito de nota não pode deixar de se referir a interessante discussão travada na jurisprudência superior brasileira a propósito da responsabilidade criminal das pessoas jurídicas pela prática de crimes ambientais.

A responsabilidade das pessoas jurídicas é admitida na constituição brasileira, no artigo 225.º, § 3, apenas para crimes ambientais[188]. A concretização e regulação dessa responsabilidade foi feita pelo legislador ordinário na lei dos crimes ambientais (Lei n.º 9.605, de 12 de Fevereiro de 1998), seguindo-se, de acordo com o disposto no artigo 3.º, um modelo de hetero-responsabilidade[189].

Tradicionalmente, estas normas vinham sendo interpretadas pela jurisprudência dos tribunais superiores, designadamente pelo Superior Tribunal de Justiça, de acordo com a *teoria da dupla imputação*, segundo a qual a atribuição do facto à pessoa colectiva implica concomitantemente a imputação do facto à pessoa física que age com o necessário elemento subjectivo. Nas palavras do Ministro Gilson Dipp, "admite-se a responsabilidade da pessoa jurídica em crimes ambientais desde que haja a imputação simultânea do ente moral e da pessoa física que atua em seu nome ou em seu benefício, uma vez que não se pode compreender a responsabilização do ente moral dissociada da actuação de uma pessoa física, que age com elemento subjetivo próprio"[190].

Em 2013, perante o problema de saber se a exclusão da responsabilidade individual impedia a responsabilização da pessoa jurídica, o Supremo Tribunal Federal, 1.ª turma, adoptou uma posição diversa daquela que vinha sendo seguida pelo Superior Tribunal de Justiça: entendeu que é admissível a condenação de pessoa jurídica pela prática de crime ambiental, ainda que

---

[188] Diz esta norma que "As condutas e actividades consideradas lesivas ao meio ambiente sujeitarão os infratores, pessoas físicas ou jurídicas, a sanções penais e administrativas, independentemente da obrigação de reparar os danos causados".

[189] Artigo 3.º: As pessoas jurídicas serão responsabilizadas administrativa, civil e penalmente conforme o disposto nesta Lei, nos casos em que a infração seja cometida por decisão de seu representante legal ou contratual, ou de seu órgão colegiado, no interesse ou benefício da sua entidade.

[190] Recurso Especial n.º 564969/SC, Rel. Ministro Gilson Dipp, DJ 13/06/2005. Com a mesma posição, o Recurso Especial n.º 889.529, Rel. Min. Félix Fisher, 18/06/2007.

95

QUESTÕES FUNDAMENTAIS DE DIREITO PENAL DA EMPRESA

sejam absolvidas as pessoas físicas ocupantes de cargo de presidência ou de direção do órgão responsável pela prática criminosa[191].

No caso concreto, tendo a pessoa física sido excluída da acção penal por meio de *habeas corpus*[192], entendeu o Superior Tribunal de Justiça que a pessoa jurídica deveria ser, obrigatoriamente, excluída do processo. Consequentemente, o processo foi extinto. Em recurso extraordinário para o Supremo Tribunal Federal, a 1.ª Turma cassou o acórdão daquele Superior Tribunal, questionando a conformidade constitucional da teoria da dupla imputação. Nas palavras do acórdão de recurso extraordinário 548181, "O artigo 225, § 3º, da Constituição Federal não condiciona a responsabilização penal da pessoa jurídica por crimes ambientais à simultânea persecução penal da pessoa física em tese responsável no âmbito da empresa. A norma constitucional não impõe a necessária dupla imputação". Na visão do tribunal, a aplicação desta teoria seria não só contrária à realidade empresarial como à intenção constitucional. Ou seja, a dupla imputação é, na perspectiva deste acórdão, desajustada às "organizações corporativas complexas da actualidade que se caracterizam pela descentralização e distribuição de atribuições e responsabilidades, sendo inerentes, a esta realidade, as dificuldades para imputar o fato ilícito a uma pessoa concreta". Por outro lado, "condicionar a aplicação do art. 225, § 3º, da Carta Política a uma concreta imputação também à pessoa física, implica indevida restrição da norma constitucional que expressa a intenção do constituinte originário não apenas de ampliar o alcance das sanções penais, mas também de evitar a impunidade pelos crimes ambientais frente às imensas dificuldades de individualização dos responsáveis internamente às corporações, além de reforçar a tutela do bem jurídico ambiental"[193].

---

[191] Recurso Extraordinário n.º 548181/PR, 1ª turma, Rel. Min. Rosa Weber, julgado em 6/8/2013, disponível em http://redir.stf.jus.br/paginadorpub/paginador.jsp?docTP=TP&docID=7087018

[192] A denúncia dirigia-se à empresa Petrobás e ao seu Presidente por condutas de poluição e de destruição da fauna e da flora pelo derramamento de quatro milhões de litros de óleo crude. Todavia, a acção penal terminaria para a pessoa individual por falta de demonstração do nexo causal existente entre o resultado lesivo e uma qualquer conduta sua. Cf. Cláudio Bidino, "Responsabilidade penal da pessoa jurídica no Brasil e teoria da dupla imputação necessária", *RPCC 25 (2015)*, p. 591.

[193] Uma análise e um comentário crítico a este acórdão pode ver-se em Cláudio Bidino, "Responsabilidade penal da pessoa jurídica...", *op. cit.*, p. 591 e ss.

CAPÍTULO III – A RESPONSABILIDADE PENAL DA PESSOA COLECTIVA

Esta decisão do Supremo Tribunal Federal constituiria um marco em matéria de responsabilidade criminal das pessoas jurídicas por crimes ambientais, na medida em que foi causa de uma mudança jurisprudencial, entendendo-se hoje na jurisprudência brasileira, de forma maioritária e predominante, que a teoria da dupla imputação não constitui requisito obrigatório para fazer responder criminalmente as pessoas jurídicas.

Acrescente-se ainda, em jeito de nota complementar, que o projecto de Código Penal Brasileiro em discussão – Projecto de Lei do Senado do Código PLS 236/2012 – prevê expressamente a responsabilidade penal das pessoas jurídicas, mas abandonando de forma expressa a teoria da dupla imputação[194].

---

[194] A versão inicial do Projecto estabelecia, no artigo 41.º, que "as pessoas jurídicas de direito privado serão responsabilizadas penalmente pelos atos praticados contra a administração pública, a ordem econômica, o sistema financeiro e o meio ambiente, nos casos em que a infracção seja cometida por decisão de seu representante legal ou contratual, ou de seu órgão colegiado, no interesse ou benefício da sua entidade. § 1º A responsabilidade das pessoas jurídicas não exclui a das pessoas físicas, autoras, coautoras ou partícipes do mesmo fato, nem é dependente da responsabilização destas." O Substitutivo do PSL 236/2012 modificou este parágrafo, acrescentando que "A responsabilidade das pessoas jurídicas não exclui a das pessoas físicas, autoras, coautoras ou partícipes do mesmo fato, nem é dependente da *identificação* ou da responsabilização destas (itálico nosso).

CAPÍTULO IV
A RESPONSABILIDADE PENAL DAS PESSOAS COLECTIVAS NO ORDENAMENTO JURÍDICO PORTUGUÊS

1. Os regimes legais (geral e especiais) e as suas dissonâncias

São conhecidas do ordenamento jurídico português desde há muito – há mais de três décadas – formas de responsabilização criminal das pessoas colectivas. Todavia, numa análise da evolução deste regime em Portugal há claramente dois momentos essenciais que devem ser destacados: o regime de responsabilização dos entes colectivos existente antes e depois do Decreto-Lei n.º 28/84, de 20 Janeiro, que prevê o Regime Jurídico dos Crimes contra a Saúde Pública e a Economia, e a inclusão, em 2007, deste tipo de responsabilidade colectiva no Código Penal, pela Lei n.º 59/2007, de 4 de Setembro.

Num primeiro momento cujo término coincide com a entrada em vigor do Decreto-Lei n.º 28/84, o ordenamento jurídico português conheceu uma responsabilidade puramente pontual no âmbito de específicas incriminações; num segundo momento, previu-se um regime legal de responsabilidade dos entes colectivos para a criminalidade de pendor económico e, progressiva-mente, foi-se alargando esta forma de responsabilização a outro tipo de criminalidade, até, finalmente, se alcançar o próprio Código Penal.

Com efeito, as primeiras experiências legislativas de responsabilização criminal das empresas consistiam em previsões muito pontuais que assentavam

QUESTÕES FUNDAMENTAIS DE DIREITO PENAL DA EMPRESA

na mera eficácia preventiva conseguida à custa da sanção criminal; delas estavam ausentes quaisquer preocupações dogmáticas ou sequer apostadas em criar um verdadeiro sistema de responsabilidade penal dos entes colectivos assente, designadamente, no princípio da culpa. Não se previa qualquer modelo de imputação do facto à pessoa colectiva, bastando-se a punição com a sua realização. A título exemplificativo pode referir-se a antiga lei de imprensa, prevista no Decreto-Lei n.º 85-C/75, de 26 de Fevereiro, cujo artigo 29.º, n.º 1, previa a responsabilidade das "empresas jornalísticas, editoriais e noticiosas" em cujas publicações ou notícias se cometessem crimes. Um outro exemplo é-nos dado pelo direito eleitoral, na Lei n.º 14/79, de 16 de Maio (Lei Eleitoral para a Assembleia da República), que punia com multa criminal as empresas proprietárias de estação de rádio que não cumprissem os direitos de antena legalmente estabelecidos (artigo 132.º) e os partidos políticos que aceitassem "contribuições de valor pecuniário destinadas à campanha eleitoral provenientes de empresas nacionais ou de pessoas singulares ou colectivas não nacionais" (artigo 144.º e 76.º)[195]. Em causa estava uma responsabilidade objectiva sancionatória que não perduraria pela sua incompatibilidade com os princípios do direito penal designadamente o princípio da culpa.

A preocupação pela criação de um modelo compatível com estes princípios só viria a estar na mente do legislador penal na década de 80 do século XX. Mantendo como princípio a responsabilidade criminal das pessoas singulares, o Código Penal de 1982, no artigo 11.º, n.º 1, ressalvou a possibilidade de se fazer responder as pessoas colectivas. Interrompia-se assim a opção político--criminal do anterior código penal português, de 1886[196], que no seu artigo 28.º previa que a responsabilidade criminal recaía única e individualmente nos agentes de crimes ou de contravenções[197]. O novo código de 1982 admitia agora, de modo expresso através daquela ressalva prevista no artigo 11.º, a possibilidade de o direito penal intervir na criminalidade empresarial por

---

[195] Estes e outros exemplos podem encontrar-se em Jorge Reis Bravo, *Direito Penal de Entes Colectivos, op. cit.*, p. 250 e ss.

[196] Disponível em https://www.fd.unl.pt/Anexos/Investigacao/1274.pdf

[197] Sobre esta evolução, Maria João Antunes, "A responsabilidade criminal das pessoas colectivas entre o direito penal tradicional e o novo direito penal", *DPEE*, vol. III, p. 457. Também Nuno Brandão / Solange de Jesus, "Responsabilidad penal de las personas jurídicas: el caso português", *EGUZKILORE* n.º 28 (2014), p. 125.

CAPÍTULO IV – A RESPONSABILIDADE PENAL DAS PESSOAS COLECTIVAS ...

via de uma responsabilização do próprio ente colectivo. Num primeiro momento, essa intervenção realizou-se no domínio do direito penal secundário, designadamente nos delitos económicos por via do Decreto-Lei n.º 28/84, de 20 de Janeiro [198].

Este diploma constituiu um marco fundamental no âmbito da criminalidade económica em geral e no domínio da responsabilidade criminal das pessoas colectivas, em particular. Reconhecendo-se, no preâmbulo daquele diploma, que esta era uma matéria "polémica em termos de dogmática jurídico-penal", o legislador, pela primeira vez, cuidou de criar um modelo de imputação do facto criminal à pessoa colectiva. Assim, o artigo 3.º estabelece alguns pressupostos para que a pessoa jurídica possa ser punida: em primeiro lugar, o facto tem de ser cometido por um órgão ou representante do ente colectivo, exigindo-se, deste modo, uma qualidade especial que traduz um forte vínculo entre aquele que actua e a pessoa colectiva; em segundo lugar, aquela actuação da pessoa singular há-de ser em nome e no interesse da pessoa colectiva, exigindo-se agora uma conexão objectiva no plano do facto.

A preocupação em enquadrar os termos em que a pessoa colectiva responde criminalmente é expressa ainda no n.º 2 daquele mesmo artigo, ao excluir-se a responsabilidade quando o agente tiver actuado contra ordens ou instruções expressas de quem de direito. Também no plano da sanção, o legislador estabeleceu, no artigo 7.º, como penas principais aplicáveis às pessoas colectivas e equiparadas a admoestação, a multa e a dissolução do ente colectivo.

A importância do regime consagrado no Decreto-Lei n.º 28/84 manifesta-se ainda na influência decisiva que teve na consagração em outros domínios do direito penal secundário da responsabilidade criminal da pessoa colectiva, funcionando como uma espécie de padrão normativo.

Exemplo dessa influência foi, no âmbito da criminalidade informática, a Lei nº. 109/91, de 17 de Agosto, em vigor até 2009, ano em que seria revogada

---

[198] Cf. José de Faria Costa, "A responsabilidade jurídico-penal da empresa...", *op. cit.*, p. 505; também Paulo Sousa Mendes, "A responsabilidade de Pessoas Colectivas no âmbito da Criminalidade Informática em Portugal", *in*: Direito da Informação, Vol. IV, Coimbra: Coimbra Editora, 2003, p. 385 e ss., disponível em http://www.uoc.edu/in3/dt/20078/20078.pdf

QUESTÕES FUNDAMENTAIS DE DIREITO PENAL DA EMPRESA

pela actual lei do Cibercrime (Lei n.º 109/2009, de 15 de Dezembro[199]). No artigo 3.º daquele diploma estabelecia-se o mesmo modelo de imputação do facto criminal à pessoa colectiva previsto no Decreto-Lei n.º 28/84; e no artigo 10.º as mesmas penas principais: admoestação, multa e dissolução.

Também no âmbito dos delitos fiscais foi igualmente inequívoca a influência do Decreto-Lei n.º 28/84. Adiante-se, desde já, que seria no domínio da criminalidade fiscal que o instituto da responsabilidade criminal da pessoa colectiva ganharia máxima relevância na prática jurisprudencial. Este instituto consta actualmente do artigo 7.º do *Regime Geral das Infracções Tributárias* (Lei n.º 15/2011, de 5 de Junho), não obstante estar já consagrado na legislação penal fiscal antecessora e revogada pelo RGIT[200]. Neste artigo, segue-se um modelo de imputação semelhante ao estabelecido no Decreto-Lei n.º 28/84 ao admitir-se a vinculação da pessoa colectiva pela actuação dos órgãos ou representantes, em (...) nome e no interesse colectivo".

No cumprimento desta descrição do regime legal importa ainda fazer referência ao alargamento da responsabilidade criminal das pessoas colectivas a áreas estranhas ao direito penal económico. Como exemplo de diplomas onde hoje se prevê este instituto podem apontar-se a *Lei de Combate ao Terrorismo* (artigo 6.º da Lei n.º 52/2003, de 22 de Agosto); o *Regime Jurídico das Armas e Munições* (artigo 95.º da Lei n.º 5/2006, de 23 de Fevereiro); a *Legislação de*

---

[199] O artigo 9.º deste diploma continua a prever a responsabilidade criminal das pessoas colectivas. Todavia, de modo diferente à Lei n.º 109/91, não se prevê qualquer regime específico, antes se remetendo o modo de responsabilização das pessoas colectivas para o regime geral previsto, desde 2007, no Código Penal.

[200] De particular significado neste contexto são o Decreto-Lei n.º 376-A/89, de 25 de Outubro e o Decreto-Lei n.º 20-A/90, de 15 de Janeiro, referentes aos Regime Jurídico das Infracções Fiscais Aduaneiras (RJIFA) e ao Regime Jurídico das Infracções Fiscais não Aduaneiras (RJI-FNA). O artigo 7.º daquele primeiro diploma admitia a responsabilidade das pessoas colectivas, relativamente aos crimes que aí se previam, sempre que cometidos pelos seus órgãos ou representantes em seu nome e no interesse colectivo. Do mesmo modo, o artigo 7.º do RJIFNA previa a responsabilidade criminal de pessoas colectivas e equiparadas pelos delitos tipificados naquele diploma. No entanto, deve acrescentar-se que a responsabilidade criminal dos entes colectivos no direito penal fiscal era já conhecida de outros diplomas anteriores desde o início da década de 80 do século passado, cf., de modo desenvolvido, Jorge Reis Bravo, *Direito Penal dos Entes Colectivos, op. cit.*, p. 266 e ss. Sobre a complicada evolução legislativa em matéria de infracção fiscal, veja-se Anabela Miranda Rodrigues, "Contributo para a fundamentação de um discurso punitivo em matéria penal fiscal", *in: DPEE*, Vol II., Coimbra: Coimbra Editora, 1999, p. 481-489 e Susana Aires de Sousa, *Os Crimes Fiscais... op. cit.*, p. 51 e ss.

CAPÍTULO IV – A RESPONSABILIDADE PENAL DAS PESSOAS COLECTIVAS ...

Combate à Droga (artigo 33.º-A do Decreto-Lei n.º 15/93, de 22 de Janeiro); a *Lei da Procriação Medicamente Assistida* (artigo 43.º-A da Lei n.º 32/2006, de 26 de Julho); *O Regime Jurídico de Entrada, Permanência, Saída e Afastamento de Estrangeiros no Território Nacional* (artigo 182.º, n.º 1, da Lei n.º 23/2007, de 24 de Julho), o *Regime de Responsabilidade Penal por Comportamentos Antidesportivos* (artigo 3.º, n.º 1, da Lei n.º 50/2007, de 31 de Julho).

Na maioria destes diplomas, a previsão da responsabilidade criminal das pessoas colectivas foi introduzida em 2007, por via da Lei n.º 59/2007, de 4 de Setembro (artigos 4.º, 5.º, 6.º e 7.º), diploma que ficaria conhecido pela revisão e alterações introduzidas no Código Penal, sendo uma das mais significativas a previsão expressa, no âmbito do direito penal clássico, da responsabilidade criminal das pessoas colectivas pelos crimes incluídos no catálogo previsto no n.º 2 do renovado artigo 11.º [201]. Neste elenco incluem-se crimes como, por exemplo, *Maus tratos* (artigo 152.º-A); *Violação das regras de segurança* (artigo152.º-B); *Escravidão* (artigo 159.º); *Tráfico de pessoas* (artigo 160.º); alguns crimes de natureza sexual (artigos 163.º a 166.º, sendo a vítima menor, e artigos 168.º, 169.º, e 171.º a 176.º); crimes de *Burla* (artigos 217.º a 222.º); *Discriminação racial, religiosa ou sexual* (artigo 240.º); *Falsificação ou contrafacção de documento* (artigo 256.º); *Falsificação de notação técnica* (artigo 258.º); *Crimes de falsificação de moeda* e alguns crimes de perigo comum (artigos 262.º a 283.º e 285.º); *Associação criminosa* (artigo 299.º); *Tráfico de influências* (artigo 335.º); *Desobediência* (artigo 348.º); *Violação de imposições, proibições ou interdições* (artigo 353.º) *Suborno* (artigo 363.º); *Favorecimento pessoal* (artigo 367.º); *Branqueamento* (artigo 368.º-A), *Corrupção* e *Peculato* (artigos 372.º a 376.º)[202]. Em jeito de nota

---

[201] A este propósito, Jorge Reis Bravo, *Direito Penal de Entes Colectivos, op. cit.*, p. 189, considera que o paradigma da responsabilidade penal individual se alterou significativamente, passando a vigorar, no âmbito do ordenamento jurídico português, um "paradigma dual de responsabilidade criminal de pessoas humanas e de entes colectivos".

[202] O catálogo de crimes previsto no n.º 2 do artigo 11.º não coincide exactamente com o elenco de crimes descrito na Proposta de Lei n.º 98/X que esteve na base da Lei 59/2007, de 4 de Setembro. As diferenças entre a proposta de lei e a versão definitiva são, no entanto, mínimas e traduziram-se em acrescentar mais alguns crimes àquele catálogo, como é o caso dos crimes de burla (artigo 217.º), burla qualificada (artigo 218.º), burla relativa a seguros (artigo 219.º), burla para a obtenção de alimentos, bebidas ou serviços (artigo 220.º) – na verdade, não se compreendia por que razão a Proposta abrangia somente os crimes de burla informática e nas comunicações (artigo 221.º) e de burla relativa a trabalho ou emprego (artigo 222.º), ficando excluídas todos os outras modalidades de Burla, incluindo o tipo matricial.

QUESTÕES FUNDAMENTAIS DE DIREITO PENAL DA EMPRESA

acrescente-se que este catálogo de crimes eleito pelo legislador de 2007 tem merecido a crítica de alguma doutrina: quer pela ausência de um critério racional que permita compreender a escolha de alguns crimes (como por exemplo os crimes sexuais), quer pela não inclusão de outros delitos, designadamente de natureza patrimonial, como o furto, o dano, o abuso de confiança, a usura ou a receptação[203] ou mesmo de tipos fundamentais como os tipos legais de homicídio e de ofensas à integridade física[204].

O regime legal de responsabilização dos entes colectivos, previsto no CP a partir de 2007, é, como se referiu, aplicável à legislação extravagante sempre que no diploma legal se remeta para o regime geral.

Importa, porém, salientar que o regime "geral" de responsabilidade criminal das pessoas colectivas previsto no Código Penal é diferente dos regimes especiais previstos no *Regime Jurídico dos Crimes contra a Saúde* Pública e *Economia* e no *Regime Geral das Infracções Tributárias*. Essas diferenças dão-se tanto no plano da imputação do facto à pessoa colectiva, como no domínio do

---

É o caso ainda do crime de procriação artificial não consentida (artigo 168.º). Estas alterações têm a sua origem na discussão e votação na especialidade daquela Proposta, como se poderá confirmar no *Diário da Assembleia da República* II, série A, n.º 109/X/2, de 12 Julho de 2007, p. 3. (disponível em *www.parlamento.pt*).

[203] Neste sentido Jorge Reis Bravo, *Direito Penal dos Entes Colectivos, Direito Penal de Entes Colectivos*, Coimbra: Coimbra Editora, 2008, p. 206. Também, Susana Aires de Sousa, *"Societas publicas (non) delinquere potest*: reflexões sobre a irresponsabilidade dos entes públicos no ordenamento jurídico português", *Actas do XV Encuentro AECA "Nuevos caminos para Europa: El papel de las empresas y los gobiernos"*, 20-21 de Setembro de 2012, Obra digital – ISBN: 978-84-15467-51-9, disponível em https://apps.uc.pt/mypage/files/susanaas/675; José de Faria Costa, *Direito Penal, op. cit.*, p. 267; Manuel da Costa Andrade, " 'Bruscamente no Verão passado', a reforma do Código de Processo Penal – Observações críticas sobre uma lei que podia e devia ter sido diferente", *RLJ*, Ano 137 (2008), n.º 3950, p. 275, nota 17.

[204] Como sublinha Teresa Serra, em artigo no jornal Expresso de 29 de Setembro de 2007, na Holanda, primeiro país da Europa continental a prever a responsabilidade criminal das pessoas colectivas, condenava-se em 1987 um hospital "por homicídio negligente depois de um paciente ter morrido durante uma operação em virtude da utilização de equipamento de anestesia ultrapassado, numa decisão que constituiu o primeiro caso de condenação de uma pessoa colectiva por homicídio" naquele país. Também Teresa Quintela Brito, considera a ausência do crime de homicídio daquele catálogo como "gritante e inexplicável", cf. "Responsabilidade criminal dos entes colectivos. Algumas questões em torno da interpretação do artigo 11.º do Código Penal", *RPCC 20 (2010)*, p. 44. Também em crítica à escolha dos crimes que integram o catálogo, Germano Marques da Silva, "Responsabilidade penal das pessoas colectivas. Alterações ao Código Penal introduzidas pela Lei n.º 59/2007, de 4 de Setembro", *Jornadas sobre o Código Penal, Revista do CEJ*, n.º 8 (2008), p. 71.

leque de sanções que lhe são aplicáveis. Desde logo, como se desenvolverá, o círculo de pessoas que podem vincular o ente colectivo, fazendo-o responder criminalmente, é mais amplo no regime geral do que nos regimes especiais; por sua vez, nos regimes especiais não há qualquer referência à exclusão da responsabilidade do Estado, das pessoas colectivas no exercício de prerrogativas de poder público e de organizações de direito internacional público; por fim, salienta-se a não coincidência entre as sanções (tipo e natureza) previstas no regime geral e nos regimes especiais.

Neste sentido, a partir de 2007 as exigências e os pressupostos para fazer responder a pessoa colectiva passaram a ser diferentes – com as necessárias consequências práticas que decorrem desta falta de harmonização e uniformidade – consoante o crime cometido esteja previsto no CP (ou em legislação que remeta para o regime do CP) ou se encontre tipificado em legislação extravagante que preveja um regime especial de responsabilização das pessoas colectivas.

2. O modelo de imputação do facto à pessoa colectiva

No direito penal português, a opção legal em matéria de imputação do facto à pessoa colectiva foi desde sempre pelo *modelo de hetero-responsabilidade*. Este modelo é, como se depreende da descrição legal efetuada anteriormente, tradição assente[205]: a imputação do facto criminoso é *mediatamente* dirigida à pessoa colectiva através da conduta de certas pessoas físicas que a representam e qua actuam em nome e no interesse colectivo.

Assim, um modelo vicarial de imputação pressupõe a determinação do círculo de agentes que podem, através da sua actuação, vincular criminalmente a pessoa colectiva. Tradicionalmente, o nosso ordenamento jurídico reconhecia essa faculdade aos órgãos e representantes da pessoa colectiva que actuem em seu nome e no seu interesse. É assim no âmbito das infracções

---

[205] Referindo-se ao sistema português como um modelo que tem por base um substrato humano, uma pessoa física que manifesta funcionalmente a vontade da sociedade, Germano Marques da Silva, *Responsabilidade Penal das Sociedades, op. cit.*, p. 224-225. Em sentido semelhante, mas optando pela designação "responsabilidade derivada", Jorge Reis Bravo, *Direito Penal dos Entes Colectivos, op. cit.*, p. 195.

contra a economia e contra a saúde pública e também no que respeita aos crimes tributários[206].

O modelo previsto no artigo 11.º, n.º 2, do CP apresenta algumas notas distintivas. Faz-se depender a responsabilidade dos entes colectivos da actuação ou omissão de determinadas pessoas físicas, sendo, por essa razão, ainda um modelo essencialmente vicarial. Estabelece o código que *"As pessoas colectivas e entidades equiparadas (...) são responsáveis pelos crimes (...) quando cometidos (...):*

a) *por pessoas que nelas ocupem uma posição de liderança; ou*
b) *por quem aja sob a autoridade [delas] e em virtude da violação de deveres de vigilância ou controlo (...)"*.

Correspondendo à tendência sentida em tempos mais recentes, houve uma "ampliação do círculo de pessoas capazes de comprometer a sociedade"[207] àqueles que na empresa desempenham uma *posição de liderança*. Esclarece-se no n.º 4 do artigo 11.º o que deve entender-se por posição de liderança: os órgãos e representantes da pessoa colectiva e *quem nela tiver autoridade para exercer o controlo da sua actividade*[208]. Não obstante este alargamento do círculo daqueles que podem vincular criminalmente o ente colectivo, a norma manteve por inteiro na alínea *a)* um *modelo de hetero-responsabilidade*, baseado na actuação da pessoa física e na determinação dos concretos poderes e deveres que sobre ela recaem.

Maiores hesitações emergem quando se analisa o modelo de imputação consagrado na alínea *b)* do n.º 2. É assim porque nesta alínea se concede espaço, enquanto elemento de conexão entre a pessoa individual e a pessoa jurídica, à violação de deveres de vigilância e controlo por parte daqueles que ocupam uma posição de liderança. Esta maior abrangência prevista no

---

[206] O preâmbulo do Decreto-Lei n.º 28/84 é claro ao esclarecer, no seu n.º 8, que "o princípio da responsabilidade penal das pessoas colectivas é consagrado com prudência: exige-se sempre uma conexão entre o comportamento do agente – pessoa singular – e o ente colectivo, já que aquele deve actuar em representação ou em nome deste e no interesse colectivo. E tal responsabilidade tem-se por excluída quando o agente tiver actuado contra ordens expressas da pessoa colectiva".

[207] Cf. Germano Marques da Silva, *Responsabilidade Penal das Sociedades...*, *op. cit.*, p. 178.

[208] Uma possível interpretação destas normas pode ver-se em Teresa Quintela de Brito, "Responsabilidade criminal dos entes colectivos...", *op. cit.*, p. 55 e ss.

CP tem vindo a ser interpretada por alguma doutrina como uma concessão a um modelo de responsabilidade directa por *deficit* de organização, na senda da teoria defendida por Klaus Tiedemann. Com efeito, a responsabilidade parece fundar-se agora, em primeira linha, numa deficiente organização da actividade desenvolvida na empresa através da violação dos deveres de vigilância e de controlo por parte de alguns dos seus membros: aqueles que ocupam uma posição de liderança. De um lado, acentua-se a ideia de *deficit* de organização (uma falha na vigilância); todavia, de outro, sublinha-se que essa falha no cumprimento dos deveres é de alguém que tem um papel qualificado na empresa[209]. Bem se compreende que haja autores a falar de "um modelo misto", que combina o modelo convencional de responsabilidade derivada e o modelo de imputação de *deficit* de organização[210].

Esta é, aliás, uma alínea que vem sendo criticada na doutrina. Teresa Quintela de Brito propõe, por exemplo, uma leitura no sentido de dela não se retirar uma mera culpa *in vigilando*, necessariamente presumida, e, como tal, concretizadora de uma responsabilidade objectiva do ente colectivo, incompatível com uma responsabilização criminal[211].

Seguro é, porém, que ambas as alíneas pressupõem uma violação de deveres por parte de *alguém* — invariavelmente uma *pessoa física* — que tem na empresa o poder-dever de controlar a empresa ou um dos seus sectores. Neste sentido, como é evidente, nem todo o facto cometido em contexto empresarial, e ainda que no interesse e em benefício da pessoa colectiva, se pode imputar *criminalmente* à pessoa jurídica. Ou seja, o crime há de atribuir-se, em primeiro lugar, à concreta esfera de responsabilidade de uma pessoa física.

Por conseguinte, para fazer responder uma pessoa colectiva não basta ao juiz referenciar em abstracto um administrador e um facto criminal. Como refere Bernardo Feijoo Sánchez, seria um esquema demasiado pobre para resolver o problema da imputação do facto criminal à pessoa colectiva[212].

---

[209] Assim Jorge Reis Bravo, *Direito Penal dos Entes Colectivos, op. cit.*, p. 196.

[210] Cf. Jorge Reis Bravo, *Direito Penal dos Entes Colectivos, op. cit.*, p. 196. Também Germano Marques da Silva, *Responsabilidade Penal das Sociedades, op. cit.*, p. 254 e s.

[211] Assumindo esta posição, de forma desenvolvida, Teresa Quintela de Brito, "Responsabilidade criminal de entes colectivos...", *op. cit.*, p. 58 e ss.

[212] Cf. "Autoria e participação em organizações empresariais complexas", *in: Direito Penal Económico e Financeiro* (coord. Maria Fernanda Palma, Augusto Silva Dias e Paulo de Sousa Mendes), Coimbra: Coimbra Editora, 2009, p. 135.

No ordenamento jurídico português, ainda que com as especificidades introduzidas no CP, predomina um modelo de hetero-responsabilidade em matéria de imputação do facto à pessoa colectiva. Este desenho legal tem consequências práticas que se projectam, por exemplo, na factualidade que há-de dar-se como provada para fazer responder a pessoa colectiva. Atenda-se a alguns exemplos, com reflexo na jurisprudência portuguesa.

2.1 Consequências práticas e exemplos jurisprudenciais

2.1.1 A autonomia das responsabilidades colectiva e individual

Optando-se por um modelo de hetero-responsabilidade, dele decorre a exigência de que o facto (correspondente a alguma das infracções previstas no n.º 2 do artigo 11.º do CP) seja cometido por alguém que ocupa uma posição de liderança ou por quem aja sob a autoridade de quem ocupa esta posição. A lei não exige que a pessoa individual que realizou o facto seja condenada para que a pessoa colectiva o seja também. Ao abrigo de um modelo de hetero--responsabilidade exige-se que o facto seja praticado por alguém que tem uma posição relevante na empresa (por acção ou por omissão) para que ele possa ser atribuído também à pessoa jurídica. Mantém-se assim a autonomia das responsabilidades, sublinhada pela lei, por exemplo, no artigo 11.º, n.º 7, do CP, no artigo 3.º, n.º 3, do Decreto-lei n.º 28/84 ou o n.º 3 do artigo 7.º do RIGT.

Por conseguinte, afirmada a responsabilidade criminal do ente jurídico, porque estão verificados os requisitos objectivos e subjectivos necessários à sua sustentação, tal não afasta a responsabilidade individual das pessoas singulares. O legislador quis deixar claro que, embora a imputação objectiva do facto à pessoa colectiva passe por atribuir aquele facto à esfera de competências de uma pessoa singular, tal não impede a responsabilização autónoma desta última, desde que ela seja comprovadamente agente de uma conduta ilícita, culposa e punível. Por outro lado, tal não significa que a pessoa física tenha de ser punida para que o ente colectivo responda. O legislador português quis claramente separar as responsabilidades colectiva e individual. A responsabilidade da pessoa jurídica não depende da subsistência da responsabilidade da pessoa individual, que pode, por exemplo, extinguir-se por morte, mantendo--se, porém, intocada a responsabilidade da pessoa colectiva.

CAPÍTULO IV – A RESPONSABILIDADE PENAL DAS PESSOAS COLECTIVAS ...

Desta separação de responsabilidades resulta também que "a notificação do agente enquanto representante da pessoa colectiva (...) não dispensa a sua notificação pessoal enquanto responsável singular pelos factos de que é acusado" (acórdão do Tribunal da Relação do Porto, de 26-02-2014 [213]); ou que as causas de suspensão e interrupção da prescrição são pessoais e incomunicáveis, sendo que "a declaração de contumácia de um dos arguidos não suspende o prazo prescricional relativamente à sociedade arguida" (acórdão do Tribunal da Relação de Évora, de 5-11-2013 [214]). Ou ainda, e por último, a inconstitucionalidade, por violação do princípio da insusceptibilidade de transmissão da responsabilidade penal previsto no n.º 3 do artigo 30.º da Constituição, da interpretação normativa do artigo 7.º, n.º 5, do RGIT, no sentido de impor o prosseguimento do processo destinado a apurar a responsabilidade criminal de pessoa colectiva extinta, "fazendo correr sobre o património de cada associado a responsabilidade pelo cumprimento da pena de multa que vier a ser aplicada" (como decidiu recentemente o Tribunal Constitucional no acórdão 636/2018, de 22 de Novembro).

2.1.2 A violação de deveres por um sujeito "qualificado" como *condição de imputação do facto* à pessoa colectiva

Para punir a pessoa colectiva será sempre fundamental referir o facto à conduta de violação de deveres de uma pessoa "qualificada" – no sentido de deter a qualidade de titular de órgão, de ser representante ou de ocupar uma posição de liderança (nos termos e para os efeitos definidos no CP). O juízo sobre a responsabilidade da pessoa colectiva pressupõe que se atenda ao quadro de competências da pessoa física e ao *modo como elas foram concretamente exercidas.*

Um modelo de hetero-responsabilidade exige a concretização da esfera de responsabilidade da pessoa física "qualificada", do seu domínio de atividade e dos deveres que sobre ela recaem no contexto colectivo. Só desta forma se pode aferir da gravidade, objectiva e subjectiva, do facto, realizado em nome e no interesse da pessoa jurídica, por aqueles que têm o poder de a vincular.

---

[213] Disponível em *www.dgsi.pt*
[214] Disponível em *www.dgsi.pt*

QUESTÕES FUNDAMENTAIS DE DIREITO PENAL DA EMPRESA

E, consequentemente, apenas deste modo é possível escapar à censura de uma responsabilidade criminal puramente objectiva do ente colectivo.

A actuação criminosa de um trabalhador não faz, por si só, responder a empresa. Mesmo no âmbito da alínea *b*) do n.º 2 do artigo 11.º do CP, tal actuação só fará responder a pessoa colectiva se houver "violação dos deveres de vigilância ou de controlo" por parte de quem ocupa uma posição de liderança na empresa[215]. Neste sentido se pronunciou o Acórdão do Tribunal da Relação de Guimarães, de 9 de Outubro de 2017[216], ao entender que não se verificam os pressupostos para a atribuição de responsabilidade penal da pessoa colectiva quando dos factos provados resulte que o "crime em causa não foi cometido por pessoa que ocupe liderança na pessoa colectiva, pois que o arguido não é órgão nem representante da sociedade, nem tem autoridade para exercer o controlo (fiscalização) da actividade da pessoa colectiva", sendo um mero trabalhador e não se tendo provado que o crime ocorreu "em virtude de uma violação, por parte do líder, dos seus deveres de controlo ou supervisão".

2.1.3 O juízo de imputação e o objecto do processo

Seguindo-se na lei um modelo de hetero-responsabilidade, os factos que suportam o juízo de imputação do crime à pessoa colectiva integram o objecto do processo, devendo necessariamente constar do despacho de acusação do Ministério Público enquanto elemento que delimita e fixa os *poderes de cognição do tribunal* e a *extensão do caso julgado*. Ou seja, a acusação há-de situar o facto criminoso no âmbito das competências daquele que actua como órgão ou representante da pessoa colectiva ou que nela ocupa uma posição de liderança (neste último caso para efeitos dos crimes previstos no n.º 2 do artigo 11.º do CP)

Esta exigência não terá lugar ao abrigo de modelo de auto-responsabilidade: os factos que devem constar da acusação serão aqueles que demonstrem a ausência de organização da empresa, isto é, circunstâncias que revelam que a empresa não foi capaz de se organizar, de criar formas de prevenir a prática de

---

[215] Já no âmbito dos crimes económicos e contra a saúde pública ou do regime geral das infracções tributárias, a conduta de um trabalhador nunca vinculará a pessoa colectiva.
[216] Disponível em *www.dgsi.pt.*

CAPÍTULO IV – A RESPONSABILIDADE PENAL DAS PESSOAS COLECTIVAS ...

infracções. É justamente neste ponto que se identifica uma grande diferença prática e processual entre os modelos de imputação do facto à pessoa colectiva anteriormente referidos.

Os tribunais portugueses têm sido confrontados com esta questão. Cabe a este propósito citar, como exemplos, o Tribunal da Relação de Lisboa, no acórdão de 17 de Abril de 2013 [217], que absolveu a arguida pessoa colectiva da prática de um crime fiscal. Numa fundamentação de clareza notável, que parte do modelo de imputação plasmado no RGIT – modelo de hetero-responsabilidade – acentua-se que "se é certo que mesmo sem se determinar o agente físico concreto responsável, seria possível a responsabilização e condenação da sociedade arguida nota-se que o facto de não ter sido investigado e acusado o sócio (de facto ou de direito) da sociedade no momento da consumação (...) implicaria a adição e apreciação de factos que não estão na acusação para se manter a condenação da arguida sociedade. Era ao Ministério Público que competia acautelar a condenação da arguida através da articulação de todos os factos necessários à sua responsabilização, a qual deriva mediatamente da responsabilização dos agentes físicos e exige a narração factual de todos os respectivos factos. Tal circunstancialismo determina a absolvição da arguida".

Também o Tribunal da Relação de Coimbra, em acórdão de 10 de Fevereiro de 2017[218] entendeu que a adição na audiência de julgamento de um novo facto concretizado na identificação de um novo administrador enquanto elemento de imputação do facto à pessoa colectiva – administrador esse que não constava do despacho de acusação – constituía, atendendo ao modelo de imputação descrito no CP, uma alteração substancial dos factos, determinando a nulidade do acórdão nos termos do artigo 379.º, 1, alínea *b)* do CPP.

---

[217] Disponível em *www.dgsi.pt*.
[218] Processo 1609/12.5TACBR.C1

QUESTÕES FUNDAMENTAIS DE DIREITO PENAL DA EMPRESA

3. A irresponsabilidade do Estado, de pessoas colectivas no exercício de prerrogativas de poder público e de organizações de direito internacional público

Nem todas as pessoas colectivas são responsabilizadas pelos delitos previstos no n.º 2 do artigo 11.º do CP. O legislador exclui de responsabilidade o Estado, as pessoas colectivas no exercício de prerrogativas de direito público e as organizações internacionais de direito público[219].

Na versão originária de 2007, o n.º 3 do artigo 11.º (revogado em 2015 pela Lei n.º 30/2015, de 22 de Abril), concedia um alcance maior a esta ressalva, alargando o leque de pessoas colectivas que beneficiavam desta exclusão de responsabilidade. O legislador excluía do regime de responsabilidade todas as pessoas colectivas públicas entendendo-se como tal, nos termos daquele n.º 3, "as entidades públicas empresariais (*alínea a*)); as entidades concessionárias de serviços públicos, independentemente da sua titularidade (*alínea b*)); e demais pessoas colectivas que exercessem prerrogativas de poder público (*alínea c*))". Como tivemos oportunidade de desenvolver em um outro estudo[220], o regime então previsto, assente numa tão ampla definição de pessoa colectiva pública (nela abrangendo de forma extensa pessoas de direito privado), ao permitir a exclusão da responsabilidade criminal com base exclusivamente na forma jurídica adoptada ou na mera prerrogativa (abstracta) de exercício de poderes públicos, constituía uma ofensa insuportável ao princípio da igualdade[221].

Em 2015, o legislador alterou o artigo 11.º do CP revogando a definição de pessoa colectiva pública, aproximando a lei portuguesa das regras europeias e

---

[219] Sobre os argumentos contrários e favoráveis a uma responsabilização penal do Estado e das pessoas colectivas públicas veja-se Teresa Serra / Pedro Fernández Sánchez, "A exclusão de responsabilidade criminal das entidades públicas – da inconstitucionalidade dos n°s 2 e 3 do artigo 11.º do Código Penal", *Estudos em Homenagem ao Prof. Doutor Sérvulo Correia*, Vol. IV, Coimbra: Coimbra Editora, 2010, p. 68 e ss.

[220] *"Societas publicas (non) delinquere potest"*, *op. cit.*, p. 5 e ss. No sentido da inconstitucionalidade daquele regime legal pela violação do princípio da igualdade, Teresa Serra / Pedro Fernández Sánchez, "A exclusão da responsabilidade criminal das entidades públicas...", *op. cit.*, p. 96 e ss.

[221] Uma ampla e fundada crítica ao regime anterior pode ver-se em Teresa Serra / Pedro Fernández Sánchez, "A exclusão de responsabilidade criminal das entidades públicas...", *op. cit.*, p. 65 e ss.

CAPÍTULO IV – A RESPONSABILIDADE PENAL DAS PESSOAS COLECTIVAS ...

internacionais que fazem assentar o critério de exclusão de responsabilidade no exercício de poderes de soberania por parte do Estado ou de outros entes públicos. Adoptou-se assim como critério de exclusão da responsabilidade o concreto exercício (em cada acto) de prerrogativas de poder público, o que nos parece um critério muito mais ajustado. Neste mesmo sentido se pronunciou o Tribunal da Relação do Porto, por acórdão de 13 de Junho de 2018, entendendo que a exclusão da responsabilidade prevista no artigo 11.º, n.º 2, não se basta com a forma jurídica ou o fim que em abstracto a pessoa jurídica prossiga na sua actividade mas antes há-de atender ao concreto acto realizado pela pessoa colectiva, pressupondo-se "que ela tenha actuado no exercício de prerrogativas de poder público (*ius imperi*)"[222].

Todavia, a questão central permanece e consiste em determinar o fundamento para excluir da alçada penal o Estado e as pessoas colectivas que exerçam prerrogativas de poder público. Há naturalmente argumentos favoráveis a esta exclusão: seria paradoxal pensar nestas entidades, que são criações da sociedade para prosseguirem a realização do "bem comum", como agentes de crimes; por outro lado, sublinha-se também a sua incapacidade para cumprir a pena, *v. g.*, multa, uma vez que sendo sustentadas por receitas públicas, seriam, em última instância, os contribuintes a suportar o encargo da pena pecuniária; mais, seria o titular do *ius punidendi* – o Estado – em última instância a aplicar a si mesmo, ou às pessoas colectivas que o concretizam, uma sanção[223].

Todavia, ainda assim, permanece sem explicação a divergência entre o regime previsto no código e os regimes previstos no Decreto-Lei n.º 28/84 e no RGIT. Nestes diplomas não existe qualquer referência expressa a este regime excepcional do Estado, das organizações de direito internacional público e das pessoas colectivas no exercício de prerrogativas de poder público. Caso a questão se venha efectivamente a colocar pela realidade dos acontecimentos, sempre se poderá invocar a aplicação por analogia (*in bonam partem*) do regime geral (embora cronologicamente posterior) previsto no artigo 11.º do Código como forma de excluir a responsabilidade do Estado, das pessoas colectivas no exercício de prerrogativas de direito público e das organizações internacionais

---

[222] Disponível em *www.dgsi.pt* (relator Manuel Soares).

[223] Mais desenvolvidamente Mário Pedro Seixas Meireles, *Pessoas Colectivas e Sanções Criminais*, Coimbra: Coimbra Editora, 2006, p.74 e s. Também Teresa Serra / Pedro Fernández Sánchez, "A exclusão de responsabilidade criminal das entidades públicas...", *op. cit.*, p. 68 e ss.

QUESTÕES FUNDAMENTAIS DE DIREITO PENAL DA EMPRESA

de direito público pela prática de crimes previstos nos regimes especiais, *v.g.*, no RGIT ou no Decreto-Lei n.º 28/84 [224].

4. As penas aplicáveis à pessoa colectiva

Um outro plano de divergência entre o regime geral de responsabilidade dos entes colectivos e os regimes especiais previstos para crimes económicos e contra a saúde pública e crimes tributários é o das sanções aplicáveis ao agente *pessoa colectiva* [225]. O legislador de 2007, seguindo a estrutura sancionatória fixada para a responsabilidade individual, fixou, nos artigos 90.º-A e ss. do CP, a mesma estrutura tripartida prevista para a responsabilidade individual: penas principais (artigo 90.º-A), penas de substituição da pena de multa (artigos 90.º-C a 90.º-E) e penas acessórias (artigos 90.º-G a 90.º-M). Porém, na concreta configuração de cada um destes tipos de sanções, o legislador afastou-se da classificação já conhecida e prevista em direito penal extravagante.

Uma primeira diferença em face daqueles que denominámos regimes específicos ou especiais de responsabilidade da pessoa colectiva situa-se na amplitude dada no CP às penas de substituição, praticamente desconsideradas naqueles regimes específicos. Na verdade, algumas das penas de substituição que o Código Penal agora prevê para as pessoas colectivas eram já conhecidas, mas sob outra forma, pelos diplomas anteriores que admitiam essa responsabilidade. É o caso da admoestação, tida no Código como pena de substituição (artigo 90.º- C) mas prevista no âmbito dos delitos económicos (artigo 7.º,

---

[224] Germano Marques da Silva, "Responsabilidade penal das pessoas colectivas...", *op. cit.*, p. 72, no contexto da versão originária de 2007, tendia a considerar como excepção o n.º 3 do artigo 11.º do Código Penal, isto é, excepcional seria a exclusão da responsabilidade criminal das pessoas colectivas públicas. Justificava esta interpretação restritiva por entender que "para a generalidade da actuação das pessoas colectivas públicas não basta a fiscalização política; é muito mais transparente e eficaz a fiscalização judiciária".

[225] Um ponto fundamental nesta matéria relaciona-se com a capacidade de pena da pessoa jurídica e com as finalidades que hão-de reconhecer-se às sanções que lhe sejam aplicadas. Klaus Tiedemann, considera que a "capacidade de pena" da pessoa colectiva não pode hoje negar-se, uma vez que na sua aplicação estão presente tanto finalidades de prevenção especial e geral, bem como uma ideia de retribuição em sentido amplo. Cf. *Lecciones de Derecho Penal Económico, op. cit.*, p. 234.

CAPÍTULO IV – A RESPONSABILIDADE PENAL DAS PESSOAS COLECTIVAS ...

al. *a)* do Decreto de Lei n.º 28/84) como pena principal[226]. Um segundo exemplo desta disparidade é protagonizado pela pena de dissolução, consagrada pelo CP como pena principal, mas prevista no RGIT como uma das penas acessórias aplicáveis aos crimes tributários (artigo 16.º, al. *h)*). Ou, num derradeiro exemplo da falta de harmonização ao nível das sanções, a caução de boa conduta é prevista no CP como pena de substituição mas tida como sanção acessória no âmbito dos crimes económicos e crimes fiscais, com a inevitável consequência de acompanhar (e não de substituir) a pena principal.

Estes exemplos são, a nosso ver, suficientes para demonstrar a falta de coerência existente no plano punitivo entre o regime geral previsto no Código Penal e os regimes específicos estipulados no direito penal secundário. Um esforço de maior harmonização no tratamento dogmático e legislativo das sanções aplicáveis à pessoa colectiva está ainda por fazer. Para além da evidente vantagem formal daí decorrente, são também inegáveis de um ponto de vista substantivo os seus benefícios: na verdade, não se compreende que, pela prática de um crime previsto no regime geral, a multa possa ser substituída por uma caução de boa conduta, mas a prática de um crime económico possa ser sancionada com multa e cumulativamente com a sanção acessória de caução de boa conduta, em claro prejuízo de um princípio basilar de igualdade na aplicação das sanções penais. Assim, continua por concretizar uma reivindicação antiga, já apontada por Figueiredo Dias em 1984: um regime geral de responsabilidade criminal dos entes colectivos e, em particular, do catálogo de sanções aplicáveis[227].

---

[226] Ao contrário do previsto no Decreto-Lei n.º 28/84, a admoestação não figura no Código Penal como pena principal. Nuno Brandão qualifica como acertada esta escolha do legislador no sentido de prever a admoestação tão só como pena de substituição, "atenta a sua baixa eficácia preventiva, tanto sob o ponto de vista da prevenção geral como da prevenção especial", cf. "O regime sancionatório das pessoas colectivas na revisão do Código Penal", *in: Direito Penal Económico e Europeu: Textos Doutornários*, Vol. III., Coimbra: Coimbra Editora, 2009, p. 463. Também Mário Seixas Meireles, *Pessoas Colectiva..., op. cit.*, p. 66.

[227] Jorge de Figueiredo Dias, "Para uma Dogmática do Direito Penal Secundário", *in: DPEE* (publicado originariamente na *Revista de Legislação e Jurisprudência*, Ano 16 (1983-84), p. 263 e ss. e Ano 17 (1984-1985), p. 7 e ss.), Vol. I, p. 69 e s. Também, Jorge Reis Bravo, *Direito Penal dos Entes Colectivos, op. cit.*, p. 208.

QUESTÕES FUNDAMENTAIS DE DIREITO PENAL DA EMPRESA

5. A responsabilidade subsidiária e solidária dos dirigentes empresariais pelas sanções aplicadas à pessoa colectiva

A questão da responsabilidade subsidiária e solidária dos dirigentes empresariais pelas sanções aplicadas à pessoa colectiva é transversal ao regime geral do Código Penal e aos regimes vigentes no direito penal secundário e tem suscitado uma intensa discussão jurisprudencial, bem como a intervenção do Tribunal Constitucional português[228]. Com efeito, no núcleo da controvérsia doutrinal e jurisprudencial tem estado o regime estabelecido pelo artigo 8.º do RGIT, segundo o qual os dirigentes empresariais (ainda que somente de facto) são subsidiariamente responsáveis: "*a)* pelas multas ou coimas aplicadas a infracções por factos praticados no período do exercício do seu cargo ou por factos anteriores quando tiver sido por culpa sua que o património da sociedade se tornou insuficiente para o seu pagamento; *b)* pelas multas ou coimas devidas por factos anteriores quando a decisão definitiva que as aplicar for notificada durante o período do exercício do seu cargo e lhes seja imputável a falta de pagamento". Acrescente-se que o n.º 9 do artigo 11.º do CP consagra um regime que, não sendo idêntico, é semelhante quanto ao pagamento das multas e indemnizações em que tenha sido condenada a pessoa colectiva pelos crimes previstos nesse artigo.

A interpretação deste regime de responsabilidade subsidiária de pessoas individuais por sanções aplicadas à pessoa colectiva tem gerado posições divergentes na doutrina: de um lado, aqueles que, como Lopes de Sousa e Simas Santos, levantam dúvidas sobre a constitucionalidade material de um tal regime[229], e de outro aqueles que, como Germano Marques da Silva, entendem não haver inconstitucionalidade naquele tipo de responsabilização[230]. No sentido daquela primeira interpretação invocam-se dois argumentos fundamentais: por um lado, o princípio da intransmissibilidade das penas a que se refere o artigo 30.º, n.º 3, da CRP, que aqueles consideram aplicar-se a qualquer outro tipo de sanções, designadamente contra-ordenacionais,

---

[228] Todos os acórdãos do tribunal constitucional citados neste ponto se encontram disponíveis em *www.tribunalconstitucional.pt*

[229] Cf. Jorge Lopes de Sousa / Manuel Simas Santos, *Regime Geral da Infracções Tributárias*, Lisboa: Áreas Editora, p. 90 e ss.

[230] *Responsabilidade Penal das Sociedades...*, *op. cit.*, p. 443, em particular, a nota 50.

CAPÍTULO IV – A RESPONSABILIDADE PENAL DAS PESSOAS COLECTIVAS ...

uma vez que também elas obedecem aos fins de prevenção e repressão. Da sua perspectiva, nenhuma das finalidades da sanção pode ser alcançada se a sanção não se relaciona com a prática de uma infracção por aquele que a sofre. Assim, o cumprimento da sanção por aquele a quem não pode ser imputada a prática da infracção não satisfaz quaisquer finalidades sancionatórias, mas tem em vista a mera obtenção de receitas fiscais em clara violação do artigo 18.º, n.º 2, da CRP. Em sentido semelhante, a favor da inconstitucionalidade do artigo 8.º do RGIT, se pronunciou também o Supremo Tribunal Administrativo[231].

Por sua vez, Germano Marques da Silva entende que a norma em causa não viola a Constituição, argumentando que nela se prevê um caso de responsabilidade civil por facto próprio, culposo e causador do não pagamento pelo ente colectivo da dívida que onerava o seu património. Neste sentido, "a responsabilidade civil pelo pagamento da multa penal nada tem que ver com os fins das penas criminais, porque a sua causa não é a prática do crime, mas a colocação culposa da sociedade numa situação de impossibilidade de cumprimento da obrigação tributária"[232].

Este vinha sendo, em traços largos, o entendimento do Tribunal Constitucional. Chamado a pronunciar-se sobre aquela norma, nos Acórdãos n.º 129/2009 [233] e n.º 150/2009 [234], este tribunal acolheu a tese da natureza civil da responsabilidade dos administradores, baseada na diferenciação de um facto próprio, constitutivo de uma nova relação obrigacional, com fim reparador. Rejeita-se, por esta via, qualquer fenómeno de transmissão da sanção aplicada à pessoa colectiva. Todavia, a jurisprudência constitucional seria modificada no sentido da inconstitucionalidade do artigo 8.º do RGIT

---

[231] Em causa os Acórdãos do STA de 27 de Fevereiro de 2008, de 3 de Março de 2008, de 28 de Maio de 2008, de 4 de Fevereiro de 2009, de 24 de Março de 2010, de 14 de Abril de 2010, de 8 de Setembro de 2010, de 11 de Novembro de 2010, de 16 de Dezembro de 2010, de 19 de Janeiro de 2011, todos disponíveis em *www.dgsi.pt.*

[232] *Responsabilidade Penal das Sociedades...*, *op. cit.*, p. 443, em particular, a nota 50.

[233] Uma análise crítica deste acórdão, considerando, do mesmo passo, a jurisprudência do STA, pode ver-se em João Matos Viana, "A inconstitucionalidade da responsabilidade subsidiária dos administradores e gerentes pelas coisas aplicadas à sociedade", *Revista de Finanças Públicas e Direito Fiscal*, Ano 2, n.º 2 (2009), p. 199 e ss., também disponível *em http:// www.mlgts.pt/xms/files/Publicacoes/Artigos/563.PDF*

[234] Disponíveis em *www.tribunalconstitucional.pt.*

QUESTÕES FUNDAMENTAIS DE DIREITO PENAL DA EMPRESA

pelo Acórdão n.º 481/2010 (posteriormente seguido pelo Acórdão n.º 24/2011 e pelo Acórdão n.º 26/2011[235]) considerando-se artificial a *"dissociação"* total entre a responsabilidade pela violação do dever tributário na origem da responsabilidade contra-ordenacional e a responsabilidade pelo não pagamento do montante sancionatório que recai sobre os administradores. A este propósito importa sublinhar a profunda análise realizada pelo Conselheiro Sousa Ribeiro que o leva a fundamentar a inconstitucionalidade da norma em argumentos adicionais e distintos daqueles que vinham sendo invocados pela doutrina e pelo STA: o Acórdão n.º 481/2010 rejeita a natureza civil da responsabilidade subsidiária dos administradores, uma vez que, atendendo à natureza sancionatória da coima, dificilmente se pode vislumbrar o seu não cumprimento como um dano ressarcível no plano do direito civil, sob pena de se assumir uma inadmissível visão patrimonialista da responsabilidade contra-ordenacional[236]. Neste sentido, é ainda a satisfação das finalidades repressivas e preventivas que está na mira do legislador, acentuando-se a natureza sancionatória da responsabilidade dos administradores "na órbita funcional da relação contra-ordenacional". A inconstitucionalidade deste preceito advém, antes, da circunstância de se aplicar aos administradores uma sanção fixa, que ignora completamente a situação do sujeito responsável e que resulta da valoração da conduta de um outro sujeito, em clara violação do princípio da culpa enquanto pressuposto de qualquer sanção. Por sua vez, ao desconsiderar-se este princípio, abre-se a porta à violação dos princípios da igualdade e da proporcionalidade, dado o desajustamento da moldura penal aplicável (mais grave no caso da responsabilidade das pessoas colectivas). Alguns dos argumentos de Sousa Ribeiro em matéria de determinação da respectiva sanção, foram igualmente secundados, em voto vencido, por Maria João Antunes no Acórdão do TC n.º 35/2011, decisão onde é de novo retomada a tese da não inconstitucionalidade do artigo 8.º do RGIT.

Perante a divergência concretizada nestas decisões, o Tribunal Constitucional foi chamado a proferir um novo acórdão uniformizador pelo plenário

---

[235] Todos disponíveis em *www.tribunalconstitucional.pt.*
[236] Neste sentido, João Matos Viana, "A inconstitucionalidade da responsabilidade subsidiária...", *op. cit.*, p. 206.

CAPÍTULO IV – A RESPONSABILIDADE PENAL DAS PESSOAS COLECTIVAS ...

de juízes, nos termos do artigo 79.º – D da Lei 28/82, de 15 de Novembro (Lei do Tribunal Constitucional): o acórdão 437/2011 julgou pela não inconstitucionalidade do artigo 8.º, n.º 1, do RGIT. Este tribunal proferiu ainda mais um acórdão do plenário sobre esta matéria também pela não inconstitucionalidade, o Acórdão 561/2011, de 22 de Novembro.

Também o n.º 7 do artigo 8.º gerou divergência jurisprudencial e doutrinal no plano constitucional, estabelecendo que "quem colaborar dolosamente na prática de infracção tributária é solidariamente responsável pelas multas e coimas aplicadas pela prática da infracção, independentemente da sua responsabilidade pela infracção, quando for o caso". Neste caso, o Tribunal Constitucional, no acórdão n.º 171/2014, declarou a inconstitucionalidade, com força obrigatória geral, deste n.º 7, fundamentada numa transmissão de pena, proibida pelo artigo 30.º, n.º 3, da Constituição[237].

6. Comparticipação entre pessoa colectiva e pessoa singular?

A contribuição da pessoa colectiva na realização criminosa tem sido considerada na literatura essencialmente sob a perspectiva da autoria do facto criminoso. A jurisprudência refere com frequência a conduta da pessoa colectiva ao quadro da co-autoria com a pessoa física, ainda que o termo seja usado no sentido mais próximo de uma comparticipação criminosa (pluralidade de agentes na execução do facto).

Temos alguma dificuldade em qualificar sem mais a pessoa colectiva como co-autora do facto criminoso em conjunto com a pessoa física. Entendendo-se a co-autoria, à luz da teoria do domínio do facto, como uma modalidade de autoria em que se verifica uma decisão e uma execução conjuntas do facto, com repartição de tarefas e funções, por cada co-autor individual, não há como afastar as reservas no preenchimento destes pressupostos. Em nosso modo de ver, não está em causa uma co-autoria criminosa entendida como decisão e realização conjunta de um facto doloso. Os pressupostos próprios da co-autoria (a que se refere o artigo 26.º do CP) não estão verificados, desde

---

[237] Neste sentido veja-se também o acórdão de fixação de jurisprudência do Supremo Tribunal de Justiça 11/2014, de 28 de Maio de 2014.

QUESTÕES FUNDAMENTAIS DE DIREITO PENAL DA EMPRESA

logo, pela razão imediata de que nestas situações toda a execução recai sobre a pessoa individual.

O desenho legal da autoria criminosa da pessoa colectiva pressupõe – sobretudo à luz de um modelo de hetero-responsabilidade – a intervenção da pessoa física como substrato da imputação do facto ao ente colectivo. Todavia, este traço não concretiza uma co-autoria criminosa, mas é antes um pressuposto necessário ao modelo normativo de imputação do facto. Ou seja, não tendo a pessoa jurídica capacidade de agir em sentido naturalístico, exige-se, como requisito de imputação do facto criminoso, a sua realização pelo representante, em nome e no interesse do ente colectivo. Deste modo, o desenho legal descreve as especificidades próprias da imputação do facto à pessoa colectiva. Da perspectiva da autoria criminosa, temos duas responsabilidades distintas que *correm paralelamente* e, como tal, dois potenciais autores – a pessoa física e a pessoa colectiva, que se cruzam no plano da imputação objectiva e subjectiva do facto.

No plano da comparticipação criminosa, deve ainda considerar-se, a par da questão da autoria criminosa, o possível enquadramento da pessoa jurídica como participante na execução criminosa levada a cabo por outrem (pessoa física ou colectiva). Com efeito, a pessoa colectiva que através dos seus órgãos tome a decisão de auxiliar e auxilie outrem à prática de um facto doloso incorre em responsabilidade criminal a título de cumplicidade. Concordamos com João Santos Marta, quando num estudo sobre a responsabilidade por cumplicidade do ente colectivo, concluiu pela sua admissibilidade à luz do nosso ordenamento jurídico[238]. Cremos até que este domínio da cumplicidade do ente colectivo constitui uma arena privilegiada para os chamados *comportamentos quotidianos* da vida[239] (*v.g.*, a concessão de empréstimo ou de financiamento por parte de um banco), em princípio valorativamente neutros do ponto de vista geral da sua relevância criminal, mas que podem

---

[238] João Santos Marta, *A responsabilidade criminal das Pessoas Colectivas e Equiparadas por Cumplicidade no Direito Penal Português. Defesa e Delimitação da sua Adminissibilidade*. Coimbra: Instituto Jurídico da Faculdade de Direito da Universidade de Coimbra, 2015.
[239] Sobre esta problemática, com uma análise pormenorizada e profunda das diversas posições doutrinais, veja-se António Manuel de Almeida Costa, *Ilícito pessoal, Imputação Objectiva e Comparticipação em Direito Penal, op. cit.* p. 892 e ss.

apresentar-se como auxílios integrantes de cumplicidade ou de participação sempre que eles, no caso concreto, facilitem o cometimento de um crime[240].

---

[240] Esta questão ganha renovada actualidade no que respeita ao envolvimento de pessoas colectivas que, através da sua normal actividade, prestam auxílio ao cometimento de crimes internacionais. Sobre este problema veja-se o estudo de António Manuel Abrantes, "Entre neutralidade e cumplicidade. O envolvimento de agentes económicos na comissão de crimes internacionais", *RPCC 26* (2016), p. 77 e ss.

CAPÍTULO V
COMPLIANCE E DIREITO PENAL DA EMPRESA

1. Nota introdutória

Um dos temas mais presentes na literatura dos últimos anos no contexto da responsabilidade empresarial é indubitavelmente a matéria ligada à figura dos programas de *compliance*[241]. Reforçou-se a ideia de que a própria empresa deve ser socialmente responsável, criando mecanismos de boa governança e de reforço da ética empresarial[242]. Os programas de *compliance* anunciam-se assim como sistemas que procuram concretizar, no contexto empresarial, este objectivo de reintegração da ética e, num sentido mais restrito, de cumprimento do direito.

As empresas assumem, deste modo, perante as entidades públicas, a obrigação de se organizarem e de autorregularem no exercício da sua actividade económica e de actuarem em conformidade com as regras jurídicas.

---

[241] Referimo-nos sobretudo ao contexto europeu continental e a alguns países da América Latina, uma vez que os programas de *compliance*, enquanto formas de cooperação público-privadas no controlo e prevenção da ilicitude empresarial, são um tema conhecido e tratado desde há longos anos pela literatura americana, desde, pelo menos, os primeiros anos da década de 90 do século passado, como descreve William S. Laufer, "A very special regulatory milestone", *Univ. Pa. J. Bus. Law*, 391 (2018), Vol. 20.2, disponível em SSRN: https://ssrn.com/abstract=3034699 ou http://dx.doi.org/10.2139/ssrn.3034699

[242] Sobre a evolução dos programas de cumprimentos, em geral, Adan Nieto Martín, *Manual de Cumplimiento Penal en la Empresa*, Valencia: Tirant lo Blanch, 2015, p. 27 e ss.

QUESTÕES FUNDAMENTAIS DE DIREITO PENAL DA EMPRESA

As grandes empresas e os seus órgãos directivos responsabilizam-se pelo dever de se autofiscalizarem no cumprimento do direito. É neste cenário que se faz recair sobre a administração da empresa a incumbência – mais ou menos forte, consoante a dimensão da empresa, o seu sector de actividade e os ordenamentos jurídicos em que actua – de criar um sistema de cumprimento ou de *compliance*. A prevenção de ilícitos, e também da ilicitude criminal, está assim compreendida nos princípios orientadores de um programa de *compliance*.

Não se pretende, neste contexto, descrever e abordar a génese e evolução dos programas de cumprimento, nem todas as implicações ou relações entre os sistemas de *compliance* e a matéria penal. O propósito, muito mais limitado, é o de identificar as implicações que hoje se pretende reconhecer no plano legal e normativo a este tipo de programas, essencialmente no que respeita à responsabilidade criminal do ente colectivo (que analisámos nos capítulos III e IV) e à responsabilidade dos dirigentes empresariais (desenvolvida no capítulo II). Ou seja, de forma essencial pretende-se dar conta de alguns pontos de contacto que podem estabelecer-se entre os programas de *compliance* e a responsabilidade penal por crimes ocorridos no contexto empresarial.

2. Os programas de cumprimento e a sua relação com o direito penal

Com frequência se encontra nas páginas das grandes empresas disponibilizadas *online* a referência, mais geral ou mais pormenorizada, aos programas de cumprimento ou códigos de conduta e de boas práticas seguidos pela organização. Ao termo *compliance* surgem nos últimos anos associados muitos outros que de modo semelhante procuram traduzir e concretizar a ideia de uma empresa responsável e cumpridora. Como exemplos podem apontar-se *corporate governance*, responsabilidade social, *risck management*, códigos de conduta, código de ética empresarial, mecanismos internos de integridade[243].

Compliance significa cumprir, ou seja, actuar em conformidade com os deveres que o direito impõe às sociedades comerciais; agir cumprindo o direito, aqui se incluindo tanto as obrigações jurídicas externas como as diretrizes

---

[243] Nem sempre é clara a definição e distinção destes conceitos. Sobre estes e outros conceitos semelhantes veja-se Adan Nieto Martín, *Manual de Cumplimiento...*, *op. cit.*, p. 35 e ss.

CAPÍTULO V – *COMPLIANCE* E DIREITO PENAL DA EMPRESA

internas da empresa[244]. Assim, seguindo de perto a definição de Lothar Kuhlen, designa-se por *compliance* o conjunto de medidas por meio das quais se pretende não só assegurar que sejam cumpridas as regras vigentes para as empresas e para o seu pessoal, mas também descobrir e eventualmente sancionar irregularidades e infracções cometidas no contexto da organização[245].

A fiscalização da sociedade parece não ser nada de novo ou de muito recente. Todavia, os programas de cumprimento adquiriram uma enorme importância nos últimos anos[246]. Uma das razões principais liga-se a uma forma de reacção aos escândalos empresariais de grandes dimensões, causadores de um enorme prejuízo social e económico, como os casos Parmalat, Enron, WorldCom ou Siemens. Estes programas apresentam-se como um contributo para a prevenção e controlo da criminalidade empresarial[247]. Em particular, no continente europeu, estes programas foram vivamente estimulados pelas situações de má gestão empresarial, associadas à crise financeira.

Todavia, a génese dos programas de *compliance* é mais complexa e diversificada. Como sublinha Adan Nieto, a sua origem está associada à transformação do modelo económico capitalista, apresentando-se como forma de controlo e vigilância empresarial face a um Estado não interventivo e que delega a função de regulação e de supervisão do mercado em entidades reguladoras ou supervisoras[248]. Os programas de cumprimento adquirem, assim, quase a forma de cooperação público-privada na actuação de empresas, de modo muito particular se a informação recolhida internamente, no âmbito do programa, puder ser comunicada externamente a órgãos reguladores ou mesmo

---

[244] Cf. Adan Nieto Martín, "Problemas fundamentales del cumplimiento normativo en el derecho penal", *in: Compliance y Teoria del Derecho Penal* (coord. Lothar Kuhlen *et al.*), Madrid, Barcelona, Buenos Aires, São Paulo: Marcial Pons, 2013, p. 23.

[245] Lothar Kuhlen, "Cuestiones fundamentales de compliance y derecho penal", *Compliance y Teoria del Derecho Penal*, Marcial Pons, 2013, p. 51.

[246] Sobre a experiência norte-americana, de modo muito ilustrativo e crítico sobre a dimensão adquirida pelos programas de *compliance*, William S. Laufer, "A very special regulatory milestone", *op. cit.*, p. 400 e ss.

[247] Cf. Ana Pais, "Os programas de *compliance* e o risco de privatização do processo penal. Em especial, a problemática da "prova emprestada" e o princípio *nemo tenetur se ipsum accusare*", *Estudos em Homenagem ao Prof. Doutor Manuel da Costa Andrade*, Vol. II, Boletim da Faculdade de Direito, Coimbra: Instituto Jurídico, 2017, p. 662.

[248] Cf. Adan Nieto Martín, *Manual de Cumplimiento Penal en la Empresa...*, *op. cit.*, p. 33. Também, entre nós, Anabela Miranda Rodrigues, "Compliance Programs...", *op. cit.*, p. 4.

a órgãos de supervisão e sanção. O que, neste último caso, levanta questões complexas no plano das garantias processuais, designadamente da perspectiva do privilégio *against self incrimination*[249].

Não obstante o seu propósito de reafirmação da ética e de cumprimento do direito, uma outra dificuldade apontada aos programas de *compliance* refere-se ao seu grau de concretização e consequentemente ao seu maior ou menor grau de efectividade. O modo de realização e de concretização destes programas não se afigura uma tarefa simples, dependendo desde logo da finalidade que lhe é reconhecida. A literatura destaca e identifica dois grandes modelos de *compliance*, atendendo à sua finalidade primária, entre os quais se tem verificado uma certa oscilação: um modelo mais orientado ao estabelecimento de valores e princípios éticos e um outro concebido mais como um sistema de auto-vigilância da própria empresa[250]. O concreto programa e as suas cláusulas dependerão, para além do fim almejado, de outras e variadas circunstâncias, *v. g.*, o tipo de empresa, a sua dimensão ou o seu âmbito de actuação económica.

Um programa de cumprimento – que se pretenda efectivo e eficaz – procurará concretizar objectivos dentro do cumprimento das leis e regulamentos, reforçar valores, indicar regras de conduta, criar procedimentos e controlos internos com orientações concretas como, por exemplo, como devem proceder os trabalhadores que recebam presentes ou convites de clientes, ou em que situações e contextos a empresa e os seus representantes podem concretizar ofertas ou convites àqueles que com ela se relacionam; concretizar procedimentos destinados à descoberta de irregularidades que permitam aos trabalhadores denunciar anonimamente e através de uma linha segura e de forma protegida as irregularidades de que tenham conhecimento (i.e., o enquadramento da figura do *whistleblower*); ou ainda e por fim, condicionar, agora no plano negocial, a celebração do negócio ou a escolha

---

[249] Em particular, sobre esta questão, Ana Pais, "Os programas de *compliance* e o risco de privatização do processo penal...", *op. cit.*, p. 676.

[250] Cf. Adan Nieto Martín, "Problemas fundamentales del cumplimiento normativo...", *op. cit.*, p. 33. Nada impede, porém, que os modelos de cumprimento combinem elementos de reforço normativo e ético com protocolos de investigação de infracções já ocorridas, sendo aliás essa a tendencia dominante, cf. Artur Gueiros de Souza, "Programas de *compliance* e atribuição de responsabilidade individual nos crimes empresariais", *RPCC* 25 (2015), p. 118.

CAPÍTULO V – *COMPLIANCE* E DIREITO PENAL DA EMPRESA

de uma empresa à existência, nessa empresa, de programas de *compliance* efectivos[251].

Assim, estes programas privilegiam, por princípio, a auto-regulação interna, situando-se, por regra, a montante de um evento com significado criminal. Todavia, ainda a partir desta concepção *ex ante* do programa de cumprimento se revela possível estabelecer pontes entre *compliance* e o direito penal da empresa. Essa relevância pode dar-se em vários planos[252]. Desde logo, na medida em que esses programas se materializem em regras de conduta, podem ser um elemento de maior concretização e delimitação do risco permitido[253]; em sentido contrário, um programa indeterminado e genérico aumenta a dificuldade da imputação do facto criminalmente relevante. Por outro lado, na medida em que o sistema de cumprimento seja preciso, organizado e efectivo, pode ter repercussões no plano da responsabilização penal, seja excluindo a imputação penal seja diminuindo a pena aplicável.

Todavia, a necessidade de implementação de um programa de *compliance* pode surgir num momento posterior à prática do facto, já no contexto de um processo penal, impondo-se como condição necessária à decisão de não iniciar ou de suspender o processo.

Deste modo, no caso da responsabilidade da pessoa jurídica, a implementação de um programa de *compliance* pode ter implicações naqueles três planos agora referidos: a imputação, a sanção e o processo, conforme se desenvolverá e se ilustrará com exemplos legislativos retirados de alguns ordenamentos jurídicos[254]. Em comum, os três planos referidos reconhecem aos programas um efeito mitigador da responsabilidade da pessoa jurídica, seja na exclusão da imputação do facto, seja na diminuição da pena, seja na negociação do processo penal – o que pode vislumbrar-se como uma tendência paradoxal

---

[251] Sobre a implementação e concretização de um programa de *compliance*, Filipa Marques Júnior / João Medeiros, "A elaboração de programas de compliance", *in*: *Estudos sobre Law Enforcement, Compliance e Direito Penal*, Coimbra: Almedina, 2018, p.125.

[252] Sublinhando esta ideia, Maria João Antunes, "Privatização das investigações e *compliance* criminal", *Revista Portuguesa de Ciência Criminal*, ano 28, 2018, p. 119 e ss.

[253] Neste sentido, Juan Antonio Lascuraín Sánchez, "Los programas de cumplimento como programas de prudencia penal", *RPCC 25* (2015), p. 96.

[254] Neste ponto, seguimos de perto o que escrevemos em "*Compliance* e Responsabilidade Penal das Pessoas Jurídicas", *in*: *Corrupção, Ética e Cidadania*, (org. Marco Antônio Marques da Silva), São Paulo: Quartier Latin, 2018 (em curso de publicação).

QUESTÕES FUNDAMENTAIS DE DIREITO PENAL DA EMPRESA

às exigências de responsabilização das organizações empresariais que, em grande parte, estiveram na origem da escolha de uma resposta criminal. Isto é, os programas de *compliance* surgem como uma defesa avançada à responsabilização ou punição criminal da pessoa jurídica[255].

3. Implicações do programa de *compliance* na responsabilidade da pessoa colectiva

3.1 *Compliance* e exclusão da imputação do facto à pessoa colectiva

O maior ou menor efeito que deva atribuir-se aos programas de *compliance* em matéria de responsabilidade da empresa está, segundo cremos, directamente relacionado com o modelo de imputação do facto que venha a seguir-se. Um modelo de *auto-responsabilidade* ou de *responsabilização directa*, que procura construir a responsabilidade criminal da pessoa colectiva em pressupostos próprios e distintos da responsabilidade individual[256], concede espaço para a criação de novas figuras de exclusão da responsabilidade da pessoa jurídica por via de programas de *compliance* efectivos e bem concretizados[257].

Com efeito, *num modelo de auto-responsabilidade*, em que se reconhece autonomamente a responsabilidade da pessoa colectiva, a existência de programas de *compliance* pode ser sinal de que a pessoa jurídica se organizou devidamente

---

[255] Esta nota paradoxal tem vindo a ser evidenciada, desde há vários anos, por alguma literatura americana, merecendo destaque a obra de William S. Laufer. Entre os vários textos deste autor veja-se, por exemplo, "Corporate Liability, Risk Shifting, and the Paradox of Compliance", *Vanderbilt Law Review*, Vol. 52 (1999), p. 1405 e ss., "Corporate Prosecution, Cooperation, and the Trading of Favors", *Iowa Law Review* 87 (2002), p. 643 e ss., ou, mais recentemente, "A very special regulatory milestone", *op. cit.*, p. 391 e ss. Entre nós, colocando a tónica neste "escudo de proteção contra o avanço da responsabilidade penal da pessoa jurídica", Paulo de Sousa Mendes, "O que não se diz sobre criminal *compliance*", *Estudos sobre Law Enforcement, Compliance e Direito Penal*, Coimbra: Livraria Almedina, 2018, p. 26 e ss.

[256] Cf. Silvina Bacigalupo, *La Responsabilidad...*, *op. cit.*, p. 148 e ss. e, entre nós, Germano Marques da Silva, *Responsabilidade Penal das Sociedades*, *op. cit.*, p. 174 e s., com referências adicionais.

[257] Sobre este ponto a literatura é abundante. Veja-se por exemplo, na literatura portuguesa Anabela Miranda Rodrigues, "Compliance Programs...", *op. cit.*, p. 6 e s. Ou, ainda e por todos, com referências adicionais, Adan Nieto Martín (dir.), *Manual de Cumplimiento Penal*, *op. cit.*, p. 71 e ss.

CAPÍTULO V – *COMPLIANCE* E DIREITO PENAL DA EMPRESA

na prevenção e detecção de infracções. Isto é, pode significar que a pessoa jurídica se soube organizar no sentido de prevenir a prática de eventuais crimes. Nesta hipótese, uma eventual actuação fraudulenta das pessoas individuais, no sentido de iludir o sistema de cumprimento, deve imputar-se apenas e exclusivamente às pessoas individuais, em nada obrigando a empresa. Como tal, a pessoa jurídica não pode ser censurada ou punida criminalmente.

De outro modo, num contexto em que a empresa esteja obrigada a adoptar um programa de *compliance* e não o faça, ou o faça de forma incompleta ou insuficiente, o defeito de organização sustenta um juízo de censurabilidade ou de punibilidade por um facto próprio da pessoa colectiva, autónomo de qualquer juízo de reprovação das pessoas físicas.

Um exemplo do que acaba de ser referido pode encontrar-se quer na legislação criminal espanhola em matéria de responsabilidade criminal da pessoa colectiva, quer na legislação italiana (de natureza administrativa) que responsabiliza o ente colectivo por factos tidos como crime. No caso espanhol, o artigo 31 bis do Código Penal exclui a responsabilidade da pessoa jurídica mediante a verificação de determinadas condições, designadamente se "o órgão de administração tiver adoptado e executado com eficácia, antes da comissão do delito, modelos de organização e gestão que incluam medidas de vigilância e controlo idóneas para prevenir delitos da mesma natureza ou para reduzir de forma significativa o risco da sua realização"[258].

---

[258] Artículo 31 bis:

1. En los supuestos previstos en este Código, las personas jurídicas serán penalmente responsables:

a) De los delitos cometidos en nombre o por cuenta de las mismas, y en su beneficio directo o indirecto, por sus representantes legales o por aquellos que actuando individualmente o como integrantes de un órgano de la persona jurídica, están autorizados para tomar decisiones en nombre de la persona jurídica u ostentan facultades de organización y control dentro de la misma.

b) De los delitos cometidos, en el ejercicio de actividades sociales y por cuenta y en beneficio directo o indirecto de las mismas, por quienes, estando sometidos a la autoridad de las personas físicas mencionadas en el párrafo anterior, han podido realizar los hechos por haberse incumplido gravemente por aquéllos los deberes de supervisión, vigilancia y control de su actividad atendidas las concretas circunstancias del caso.

2. Si el delito fuere cometido por las personas indicadas en la letra a) del apartado anterior, la persona jurídica quedará exenta de responsabilidad si se cumplen las siguientes condiciones:

1.ª el órgano de administración ha adoptado y ejecutado con eficacia, antes de la comisión del delito, modelos de organización y gestión que incluyen las medidas de vigilancia y control

Também a lei italiana, por via do decreto legislativo de 8 Junho de 2001, prevê, no seu artigo 6.º, 1.º, al. *a*)[259] , uma causa semelhante que permite excluir a imputação do facto ao ente colectivo. Nos termos desta norma, a pessoa colectiva não responderá pelo crime que tenha sido cometido se, entre outras condições, provar que adoptou e pôs em prática um modelo de organização idóneo a impedir um crime daquela natureza e desde que as pessoas individuais (designadamente os administradores da empresa) tenham iludido de forma fraudulenta aquele modelo de organização. Cabe

idóneas para prevenir delitos de la misma naturaleza o para reducir de forma significativa el riesgo de su comisión;

2.ª la supervisión del funcionamiento y del cumplimiento del modelo de prevención implantado ha sido confiada a un órgano de la persona jurídica con poderes autónomos de iniciativa y de control o que tenga encomendada legalmente la función de supervisar la eficacia de los controles internos de la persona jurídica;

3.ª los autores individuales han cometido el delito eludiendo fraudulentamente los modelos de organización y de prevención y

4.ª no se ha producido una omisión o un ejercicio insuficiente de sus funciones de supervisión, vigilancia y control por parte del órgano al que se refiere la condición 2.ª En los casos en los que las anteriores circunstancias solamente puedan ser objeto de acreditación parcial, esta circunstancia será valorada a los efectos de atenuación de la pena.

(...)

4. Si el delito fuera cometido por las personas indicadas en la letra b) del apartado 1, la persona jurídica quedará exenta de responsabilidad si, antes de la comisión del delito, ha adoptado y ejecutado eficazmente un modelo de organización y gestión que resulte adecuado para prevenir delitos de la naturaleza del que fue cometido o para reducir de forma significativa el riesgo de su comisión. En este caso resultará igualmente aplicable la atenuación prevista en el párrafo segundo del apartado 2 de este artículo.

(...)

[259] Art. 6 -Soggetti in posizione apicale e modelli di organizzazione dell'ente

1. Se il reato e' stato commesso dalle persone indicate nell'articolo 5, comma 1, lettera a), l'ente non risponde se prova che:

a) l'organo dirigente ha adottato ed efficacemente attuato, prima della commissione del fatto, modelli di organizzazione e di gestione idonei a prevenire reati della specie di quello verificatosi;

b) il compito di vigilare sul funzionamento e l'osservanza dei modelli di curare il loro aggiornamento e' stato affidato a un organismo dell'ente dotato di autonomi poteri di iniziativa e di controllo;

c) le persone hanno commesso il reato eludendo fraudolentemente i modelli di organizzazione e di gestione;

d) non vi e' stata omessa o insufficiente vigilanza da parte dell'organismo di cui alla lettera b).

(...)

CAPÍTULO V – *COMPLIANCE* E DIREITO PENAL DA EMPRESA

salientar, na jurisprudência italiana, a propósito da interpretação destes limites, o caso *Impregilo*, no âmbito do qual o *Tribunal de Cazassione* italiano anularia a importante decisão de absolvição da pessoa colectiva pelo crime de manipulação de informação de mercado, proferida pelo Tribunal de Milão: entendeu aquele tribunal superior que a norma pressupõe mais do que a mera violação dos deveres que recaem sobre os administradores, exigindo, como requisito, que o modelo de *compliance* (organizativo) da empresa tenha sido iludido pelos administradores de forma *fraudulenta*; isto é, exigindo um autêntico abuso de poder, não se bastando com um mero engano. A ausência daquela especial intenção fraudulenta por parte dos administradores em iludir o programa de *compliance* impediria assim a absolvição da pessoa jurídica[260].

Ainda assim, no contexto do presente trabalho, pode afirmar-se que, no plano legal, um dos efeitos que pode reconhecer-se a um programa efectivo de *compliance* é o da não imputação do facto à pessoa jurídica e a consequente exclusão da sua responsabilidade (criminal ou de outra natureza).

3.2 *Compliance* e sanção

Os programas de *compliance* podem ainda ter implicações que se prolongam para além do juízo de imputação do facto, designadamente por via da atenuação da sanção aplicável à pessoa colectiva. Isto é, a previsão de programas destinados ao reforço dos valores éticos a que a empresa está vinculada ou de esquemas que procuram prevenir a prática de actos ilícitos pode ser atendida no momento posterior de determinação da sanção aplicável.

Como exemplo, pode apontar-se a legislação brasileira anticorrupção (Lei n.º 12.846, de 13 de Agosto de 2013) que, nos incisos VII e VIII do artigo 7.º, determina que se atenda à efectiva cooperação da pessoa jurídica e à existência de eficientes mecanismos de controlo de condutas no dimensionamento das sanções. Todavia, importa clarificar que este exemplo concreto de que agora se dá conta não se refere à atenuação de uma sanção penal, mas antes a uma punição de natureza administrativa. Ainda assim, retira-se da lei brasileira que a existência de programas de cumprimento pode ter efeito

---

[260] Cf. *Cass. pen., Sez. V, 18 dicembre 2013 (dep. 30 gennaio 2014), n. 4677, Pres. Ferrua, Rel. Fumo,ric. Impregilo SpA* (disponível e consultada a 26-06-2018 em https://www.penalecontemporaneo.it/upload/1393690152Cassazione_Impregilo.pdf).

QUESTÕES FUNDAMENTAIS DE DIREITO PENAL DA EMPRESA

num momento posterior à imputação do facto, a saber, no momento de determinação da sanção, atenuando-a[261].

3.3 *Compliance* e negociação do processo penal

Como se referiu, nos países de *Common Law* a *corporation criminal liability* veio a ser admitida, desde, pelo menos, finais do século XIX e ao longo do século XX, evoluindo para um modelo bastante alargado de imputação do facto à pessoa jurídica[262] e, consequentemente, para um aumento do número de processos de natureza criminal contra o ente colectivo.

Num sistema processual que confere uma grande amplitude ao princípio da oportunidade não tardaria até que fossem ponderadas as soluções de diversão, especificamente voltadas para a pessoa colectiva, como alternativa ao julgamento criminal dos entes colectivos e como forma de atenuar os efeitos negativos de uma condenação criminal. Com efeito, um dos argumentos favoráveis ao uso destas formas de diversão, com frequência invocado na literatura americana, é a ideia de que a mera acusação formal pode resultar numa condenação à morte da empresa com consequências nefastas para aqueles que dela dependem ou que com ela se relacionam economicamente. Estes efeitos negativos ficariam conhecidos como efeito Andersen, na sequência da queda e falência da Arthur Andersen em virtude do processo criminal que enfrentou[263].

Os mecanismos de diversão consistem em *out-of-court settlements*, negociando-se a não promoção do processo penal ou a sua suspensão. Nos Estados Unidos estas formas de acordo pré-judicial designam-se por *Non Prosecution Agreements* e *Deferred Prosecution Agreements*. Pressupostos ou condições do acordo são, em regra, a colaboração da empresa e a previsão para o futuro de mecanismos de *compliance* efectivos[264]. Deste modo, a previsão

---

[261] Refira-se ainda que a Lei n.º 12.846 seria concretizada, no que à regulamentação dos programas diz respeito através do Decreto n.º 8.420, de 18 de Março de 2015.

[262] Cf. Iñigo Ortiz Urbina Gimeno, "Responsabilidad penal de las personas jurídicas...", *op. cit.*, p. 37.

[263] Assim, Iñigo Ortiz Urbina Gimeno, "Responsabilidad penal de las personas jurídicas...", *op. cit.*, p. 68.

[264] Um estudo aprofundado destes instrumentos e da sua evolução na última década nos EUA pode encontrar-se em Brandon Garrett, *Too Big to Jail*, Harvard University Press, 2014. Veja-se

CAPÍTULO V – *COMPLIANCE* E DIREITO PENAL DA EMPRESA

e implementação de programas de cumprimento, posteriores à realização do facto, tem agora por efeito a exclusão do próprio processo penal[265].

Acrescente-se ainda que estas formas de negociação têm vindo a ser importadas por outros países, como por exemplo no Reino Unido ou em França. Neste último caso, a Lei Sapin II (Lei n.º 2016-1691, de 9 de Dezembro de 2016, relativa à *"transparence, à la lutte contre la corrupcion et la modérnisation da la vie économique"*[266]), além de outras medidas, criou a *Agence Française Anticorrupcion*, um órgão de supervisão na dependência do Ministro da Justiça e do Orçamento, e, no seu artigo 22.º, relacionado com matéria penal, introduz no artigo 41-1-2 do *Code de Procédure Penal* uma nova causa de irresponsabilidade de que pode beneficiar a pessoa colectiva, mediante o cumprimento de determinadas condições. Entre essas condições consta, para além do pagamento de uma multa, a implementação de um *"programme de mise en conformité"*. A concretização e o desenvolvimento destas condições constam da *convention judiciaire d'interêt public* a celebrar entre a empresa e a autoridade pública e o seu cumprimento determina a extinção do processo e da responsabilidade penal. Trata-se assim de um acordo, de uma transação, que extingue a responsabilidade criminal[267].

---

ainda Gordon Bourjaily, "DPA DOA: how and why Congress should bar the use of deferred and non-prosecution agreements in corporate criminal prosecutions", *Harvard Journal on Legislation*, Vol. 52/2015, p. 544 e ss.

[265] Uma perspectiva crítica sobre o modo e efeitos desta negociação pode ver-se em William S. Laufer, "Corporate Prosecution...", *op. cit.*, p. 643 e ss.

[266] Disponível em https://www.legifrance.gouv.fr/affichTexte.do?cidTexte=JORFTEXT00 0033558528&categorieLien=id (consultado em 24.05.2018).

[267] Não obstante o carácter recente da lei, foram já assinados dois acordos: o primeiro, em 30 de outubro de 2017, entre o *Procureur National financier* e o HSBC Private Bank Suisse; uma outra convenção, no âmbito de uma investigação por corrupção, foi assinada em 14 de Fevereiro de 2018, com a empresa Set Environnement, e validada, a 23 de Fevereiro, pelo Tribunal de Grande Instance de Nanterre. Esta decisão está disponível em https://www. economie.gouv.fr/files/files/directions_services/afa/Ordonnance_validation_CJIP_SAS_ SET_ENVIRONNEMENT.pdf

3.4 Referência ao ordenamento jurídico português

No ordenamento jurídico português não se reconhecem de modo expresso, no plano legal, quaisquer efeitos aos programas de *compliance*, seja no plano da imputação do facto, seja no domínio da sanção, seja no plano processual penal.

Uma das razões principais relaciona-se directamente, da nossa perspectiva, com o modelo de responsabilização criminal do ente colectivo. No direito penal português, a opção legal, como se referiu, foi pelo *modelo de hetero--responsabilidade*[268]: a imputação do facto criminoso é *mediatamente* dirigida à pessoa colectiva através da conduta de certas pessoas físicas que a representam, actuando na prossecução do interesse colectivo. Este desenho legal tem consequências práticas quer no modo como há-de compreender-se a ligação entre a responsabilidade individual dos gerentes e a responsabilidade colectiva da empresa, quer na matéria que deva dar-se como provada para fazer responder a pessoa colectiva. Estando a atribuição de culpa da pessoa colectiva dependente de uma actuação de uma pessoa física qualificada, não sobra espaço para a *autonomização* do facto da pessoa colectiva e, como tal, um programa de *compliance*, ainda que efectivo, dificilmente poderá excluir a imputação do facto à pessoa colectiva se os pressupostos legais da sua responsabilidade estiverem verificados.

Contudo, do que se disse não resulta a necessária irrelevância de um programa de *compliance* em matéria criminal (para além da potencialidade de prevenção da prática criminosa). A existência de um programa de cumprimento efectivo sempre poderá ser ponderada na determinação da medida da pena da pessoa colectiva, por via de uma ponderação e apreciação dos critérios e factores legalmente estabelecidos no artigo 71.º do CP, enquanto circunstância que possa depor, na expressão legal, a favor do agente (n.º 2 do artigo 71.º)[269]. De modo particular, poderão ser de relevância, neste contexto, os factores de medida da pena previstos nas alíneas *a)* ("o grau da ilicitude do facto, o modelo de execução deste (...), bem como o grau de violação dos deveres impostos ao agente") e alínea *e)* (" a conduta anterior ao facto").

---

[268] *Supra* Capítulo IV, ponto 2.
[269] Neste sentido Paulo de Sousa Mendes, "Law enforcement & compliance", *in*: *Estudos sobre Law Enforcement, Compliance e Direito Penal*, Coimbra: Almedina, 2018, p. 14.

CAPÍTULO V – *COMPLIANCE* E DIREITO PENAL DA EMPRESA

O dever de a empresa adoptar um programa efectivo de *compliance* pode ainda ser configurado, agora no plano do direito a constituir, no âmbito das sanções aplicáveis ao ente colectivo (como uma específica sanção) ou, no plano processual, como forma de diversão com intervenção no contexto da suspensão provisória do processo. Todavia, este é um caminho que está por fazer. Na realização desse percurso, não deve deixar de se considerar e analisar a experiência, positiva e negativa, já adquirida por outros ordenamentos jurídicos, evitando-se dessa forma erros e inconvenientes já plenamente identificados pela doutrina, em particular, fazendo-se dos programas de *compliance* uma cláusula de excepção e de esvaziamento da responsabilidade criminal dos entes colectivos.

4. *Compliance* e responsabilidade penal das pessoas singulares

A criação de departamentos e programas de *compliance* trouxe novas questões no que respeita à repartição de responsabilidades no âmbito empresarial. Neste contexto, consideram-se de modo particular as implicações que a criação de um departamento de cumprimento empresarial tem sobre um eventual dever de garante dos dirigentes empresariais. De uma forma simples, uma das questões que tem ocupado alguma literatura penal é a de saber se podem os administradores transferir a posição de garante, originariamente assumida e exercida por via das competências que lhe são reconhecidas, para o responsável pelo programa de *compliance*. Fica desta forma, o dirigente empresarial exonerado daquela posição de garantia originária?

Na sua formulação, estas perguntas trazem consigo um consequente problema: em que termos e dentro de que limites assume o *compliance officer* um dever de garante relativamente a condutas de natureza criminosa que tenham lugar no contexto da empresa? Constituirá a delegação realizada pelos órgãos de direcção uma fonte do dever de garante jurídico-penal do *compliance officer*?

4.1 A responsabilidade dos dirigentes empresariais

Quanto ao primeiro dos problemas enunciados, cabe analisar se a criação de um departamento de *compliance* retira ao dirigente da empresa um eventual

QUESTÕES FUNDAMENTAIS DE DIREITO PENAL DA EMPRESA

dever de garante pelas infracções ocorridas em contexto empresarial. A resposta a esta questão pressupõe que previamente se possa afirmar um dever de garante do administrador ou do dirigente empresarial – matéria já por nós anteriormente tratada[270]. Encontrando-se o dirigente empresarial numa posição de garante, atendendo à sua esfera da responsabilidade e à possibilidade de intervenção salvadora do bem jurídico, tal dever não pode extinguir-se por via de delegação ou de transferência para outrem. As atribuições que venham a ser legal ou estatutariamente reconhecidas ao departamento de *compliance* podem modificar ou alterar o dever de garante do administrador justamente na medida em que alterem ou restrinjam a capacidade de actuação do dirigente. Porém, não o eliminam.

Acompanhamos nesta matéria Lascuraín Sánchez[271]. Da perspectiva deste autor, a delegação não afasta o dever de garante originário, libertando-o de qualquer tipo de responsabilidade, mas antes modifica os seus contornos. Assim, a criação de um departamento de *compliance* (e do respectivo responsável) é por si mesma constitutiva de novos deveres para o dirigente ou administrador: como o dever de facultar ao departamento de *compliance* os meios para a realização da sua função ou o dever de supervisão, de vigilância do próprio delegado. Este dever de controlo é tanto maior quanto maior for o grau de risco da actividade que é delegada (dependendo necessariamente do conteúdo da delegação), atendendo-se nessa avaliação, ao tipo de actividade, à experiência do delegado, aos seus conhecimentos e capacidade ou à duração da delegação. Funciona neste contexto o princípio da confiança como delimitador do risco proibido inerente a uma omissão penalmente relevante por parte do dirigente empresarial. Quanto maior e fundada se revela a confiança no delegado, menor será a necessidade de controlo e supervisão, diminuindo-se a abrangência do risco proibido pela omissão do administrador.

---

[270] Capítulo II, ponto 5.
[271] "Salvar al oficial Ryan (Sobre la responsabilidad penal del oficial de cumplimiento)", *in*: *Responsabilidad de la Empresa y Compliance* (dir. Santiago Mir Puig *et al.*), Montevideo / Buenos Aires: Editorial B de F, 2014, p. 307 e ss.

CAPÍTULO V – *COMPLIANCE* E DIREITO PENAL DA EMPRESA

4.2 A responsabilidade do *compliance officer*

Constituirá a delegação realizada pelos órgãos de direcção uma fonte do dever de garante jurídico-penal do *compliance officer* ou, na expressão da lei portuguesa, "responsável pelo cumprimento normativo"[272]?

A razão desta pergunta encontra-se na circunstância de alguns autores admitirem como fonte de um dever de garante jurídico-penal do *compliance officer* a delegação que neles é feita pelos órgãos de direcção. Como esclarece Lascuraín Sánchez "a delegação é fonte de deveres penais"[273], fazendo com que o incumprimento das funções delegadas (por parte do delegado) ou a falta de controlo do delegado (por parte do delegante) possam sustentar a responsabilidade criminal pelo resultado que se deixa de evitar e que o omitente do dever se transforme em autor do delito (por omissão).

Trata-se de uma questão complexa, que pressupõe, quanto a nós, que se delimite e concretize de forma clara e precisa a origem e o conteúdo do dever de garante que se delega. A imputação do resultado jurídico-penalmente desvalioso pode ter lugar quando esteja em causa uma violação ao dever de garantir a não produção do resultado; mas já não quando o dever violado consiste numa mera função de controlo ou de fiscalização (sem domínio potencial do resultado). Isto é, a imputação com base na omissão só terá lugar quando o dever que se assume corresponda ao cuidado exigível pelo âmbito de protecção da norma incriminadora. Neste sentido, o dever de garante tem a sua referência material no correspondente dever de cuidado exigido pela norma penal. É a exigência deste dever de proteger o objeto de tutela que transforma a violação do dever de garante numa conduta omissiva *típica* e, se vier a ocorrer o resultado, este será imputado à conduta omissiva do garante. O garante tem assim o domínio potencial do risco (da fonte de perigos); é, neste sentido, um "gestor do risco"[274].

---

[272] Artigo 16.º da Lei n.º 83/2017, de 18 de Agosto, que estabelece as medidas de natureza preventiva e repressiva de combate ao branqueamento de capitais e ao financiamento do terrorismo.

[273] Cf. "La delegación como mecanismo de prevención y de generación de deberes penales", *Manual de Cumplimiento Penal en la Empresa* (coord. Adan Nieto Martín), *op. cit.*, p. 167.

[274] Expressão usada na decisão do caso Tyssenkrup, pela *Sezioni Unite della Corte di cassazione*, na decisão de 24 de Abril de 2014, p 102. Entre os problemas tratados nesta decisão, considera-se também o problema do dever de garante e da sua delegação. Em causa estava a morte de

QUESTÕES FUNDAMENTAIS DE DIREITO PENAL DA EMPRESA

Ora, o delegado só assume a posição de garantia se, de facto e em primeiro lugar, lhe for transferido pelo delegante um dever de proteção do interesse jurídico-penalmente valioso, desde que esse dever seja disponível e se conceda ao delegado os meios e instrumentos necessários à prossecução e cumprimento daquele dever[275]. Só desta forma poderá dizer-se que "um sujeito adquire uma posição de garantia se assume livremente a posição que lhe é delegada por aquele que a detém originariamente"[276]. Por esta via, cria-se um novo dever de garantia – o do delegado – e reformula-se o dever de garantia do delegante.

Desta perspectiva, a fonte de um eventual dever de garante pelo resultado jurídico-penalmente desvalioso por parte do responsável pelo departamento de *compliance* seria a delegação que nele é feita por aqueles que têm uma posição de garantia em função do cargo e funções que lhes são atribuídas: os órgãos de direcção. Todavia, mais do que pronunciarmo-nos sobre a possibilidade de a delegação constituir fonte do dever de garante, parece-nos que há duas reflexões adicionais que importa ter presentes.

Em primeiro lugar, deve sublinhar-se que o delegado só se transforma em garante se aquele que lhe delegou o dever detinha essa posição de garantia e dela podia dispor. Neste sentido o primeiro problema será sempre o de saber se a empresa e os seus dirigentes têm e em que termos a obrigação de controlar os riscos criados pela empresa[277].

---

vários trabalhadores desta empresa de aço por um incêndio ocorrido a 6 de Dezembro de 2007, quando rebentou um tanque de óleo que servia para arrefecer as chapas de aço. A empresa funcionava sem condições de segurança e tal era conhecido por parte de alguns administradores e encarregados. O administrador e cinco quadros superiores da empresa, sobre quem recaía o dever de verificar as condições de segurança de trabalho nos termos das competências e delegações definidas pela empresa, foram condenados pelo crime de homicídio.

[275] A este propósito, discutindo-se os limites e contornos da delegação como forma de transferência de um dever de garante veja-se a decisão Tyssenkrup pela *Sezioni Unite della Corte di cassazione*, na decisão de 24 de Abril de 2014, *op. cit.* p. 107 e ss.

[276] "Salvar al oficial Ryan...", *op. cit.*, p. 307. Veja-se também a este propósito Jacopo Dopico Gómez-Aller, "Posición de garante del *compliance officer* por infracción del "deber de control": una aproximación tópica", *El Derecho Penal Económico en la Era de la Compliance*, Valencia: Tirant lo Blanch, 2013, *op. cit.*, p. 172 e ss. e Raquel Montaner Fernández, "El criminal compliance desde la perspectiva de la delegación de funciones", *Estudios Penales y Criminológicos*, Vol. XXXV (2015), p. 733 e ss.

[277] Sobre esta questão *supra* Capítulo II, ponto 5.

CAPÍTULO V – *COMPLIANCE* E DIREITO PENAL DA EMPRESA

Em segundo lugar, para que se afirme ou negue o dever de garante, torna-se imprescindível atender ao concreto modelo de *compliance* e às obrigações assumidas pelo chefe do departamento de *compliance*. Isto é, importa delimitar a esfera de responsabilidade do chefe do departamento de *compliance* e, consequentemente, delimitar os riscos de que ele é "gestor". Deste modo, se o risco que cabe ao *compliance officer* acautelar não se inclui no âmbito de protecção da norma incriminatória que vem a realizar-se, não pode ser-lhe atribuído o facto criminoso a título de omissão (*v. g.*, se o *compliance officer* tem por fim exclusivamente detectar irregularidades e prevenir actos ligados ao branqueamento de capitais, não pode imputar-se-lhe responsabilidade por não detectar irregularidades relacionadas com a segurança dos produtos fabricados).

Do mesmo modo, na determinação da esfera de responsabilidade do *compliance officer* há ainda que atender às concretas funções e ao tipo de controlo que lhe é exigido. Se a sua função, definida na implementação do programa de *compliance*, for apenas a de investigar e denunciar irregularidades que cheguem ao seu conhecimento, o incumprimento desta função (deste dever de denunciar) não corresponde à violação de um dever de garante (de impedir) o resultado, não sendo responsável (penalmente) por aquele crime. Assim, se este responsável pelo programa de *compliance* decide não investigar uma irregularidade já realizada, dificilmente se poderá considerar autor de um facto criminal já consumado. Um caso semelhante ao que acaba de se descrever aconteceu na Alemanha, em que o responsável pela supervisão interna de uma empresa de limpeza de Berlim, sujeita ao direito público, foi condenado, por cumplicidade por omissão, por ser conhecedor e tolerar a cobrança de taxas superiores às legalmente devidas[278].

Em última linha, a configuração de um dever de garante poderá ter lugar quando o *compliance officer* assuma uma função de garantir a prevenção de práticas criminosas por via da detecção de actividades suspeitas ou irregulares, omitindo deveres inerentes a essa função e dispondo dos meios necessários ao seu cumprimento (por exemplo, havendo indícios de que as contas bancárias

---

[278] Cf. BGH 5 StR 394/08, de 17 Julho de 2009, *apud* Juan Antonio Lascuraín Sánchez, "Salvar al oficial Ryan...", *op. cit.*, p. 331.

QUESTÕES FUNDAMENTAIS DE DIREITO PENAL DA EMPRESA

da empresa estão a ser usadas para fazer circular dinheiro alheio à empresa, opta por não investigar aqueles movimentos bancários).

Por tudo quanto se referiu, é essencial que a delimitação de deveres e de competências (e dos riscos que estão na sua base) seja o mais clara possível, devendo criar-se um programa de *cumprimento* completo e preciso nas obrigações que faz recair sobre o departamento de *compliance* e sobre o seu responsável. Só assim se poderá decidir da relevância do incumprimento de um dever que recaía sobre o chefe do departamento de *compliance*: se se trata de uma omissão capaz de fundamentar uma autoria criminosa, uma mera cumplicidade no facto de outrem, uma responsabilidade interna, ou uma mera irregularidade alheia a qualquer responsabilidade[279].

Esta tarefa de concretização torna-se particularmente difícil se se atender à diversidade de funções e deveres, de natureza distinta, que têm vindo a ser atribuídos, mesmo no plano legal, ao responsável pelo departamento de *compliance*. Entre as suas funções é frequente encontrar um extenso leque de tarefas de formação do pessoal da empresa, de criação de canais de denúncia anónima, de controlo e supervisão de condutas ilícitas e irregulares, de definição de procedimentos e controlos, de recolha de informação, de interlocutor das autoridades de supervisão e judiciária, etc.[280]. Como se depreende a partir do que se expôs, a violação destes deveres por si só, considerada de forma isolada, é insuficiente para aferir da responsabilidade do *compliance officer*. Autoria por omissão, reitera-se, só poderá existir quando o dever violado se reporte a um risco protegido pela norma incriminatória, dever esse que integra a esfera de responsabilidade do *compliance officer*, tendo ele a possibilidade de o cumprir. Só desta forma se realiza o critério delimitador da autoria por omissão.

---

[279] Considerando estas possibilidades e procurando delimitá-las, Ricardo Robles Planas, "El responsable de cumplimiento («compliance officer») ante el derecho penal", *in*: *Criminalidad de Empresa y Compliance. Prevención y Reacciones Corporativas* (coord. Raquel Montaner Fernández), Barcelona: Atelier, 2013, p. 328.

[280] Um exemplo desta diversidade de funções pode encontrar-se no artigo 16.º da Lei n.º 83/2017, de 18 de Agosto.

140

BIBLIOGRAFIA CITADA

Abanto Vásquez, Manuel A., "Hacia un nuevo Derecho penal de las empresas. Más allá de la solución penal y meramente administrativa del 'delito económico'", *Revista Penal 21* (2008), p. 3-23.

Abrantes, António Manuel, "Entre neutralidade e cumplicidade. O envolvimento de agentes económicos na comissão de crimes internacionais", *RPCC 26* (2016), p. 77-133.

Abreu, Jorge Manuel Coutinho de, *Da Empresarialidade (as Empresas no Direito)*, Coimbra: Livraria Almedina, 1996.

Albergaria, Pedro Soares, "A posição de garante dos dirigentes no âmbito da criminalidade de empresa", *RPCC 9 (1999)*, p. 605-626.

Alcácer Guirao, Rafael, "La protección del futuro y los daños cumulativos", *ADPCP*, tomo LIV (2001), p. 143-174.

Ambos, Kai, "Dominio del hecho por dominio de voluntad en virtud de aparatos organizados de poder. Una valoración crítica y ulteriores aportaciones", *Revista de Derecho Penal y Criminologia* (1999), p. 133-165.

_____, "Superior Responsibility", *The Rome statute of the international criminal court: a commentary* (Antonio Cassese, Paola Gaeta, John R. W. D. Jones, eds.), Vol. 3, p. 823-872, Oxford, 2002, disponível em https://ssrn.com/abstract=1972189.

_____, "Dominio por organización. Estado de la discusión", *Revista Brasileira de Ciências Criminais 68* (2007), p. 69-111.

_____, *A Parte Geral do Direito Penal Internacional. Bases para uma Elaboração Dogmática*, S. Paulo: Editora Revista dos Tribunais, 2008.

Andrade, Manuel da Costa, " 'Bruscamente no Verão passado', a reforma do Código de Processo Penal – Observações críticas sobre uma lei que podia e devia ter sido diferente", *RLJ*, Ano 137 (2008), n.º 3950, p. 262-285.

Antunes, Maria João, "A responsabilidade criminal das pessoas colectivas entre o direito penal tradicional e o novo direito penal", *Direito Penal Económico e Europeu: Textos Doutrinários*, vol. III, 2009, p. 457-459.

_____, "Privatização das investigações e *compliance* criminal", *Revista Portuguesa de Ciência Criminal*, ano 28, 2018, p. 119-127.

QUESTÕES FUNDAMENTAIS DE DIREITO PENAL DA EMPRESA

Antunes, Maria João / Caeiro, Pedro "Portugal", in: Kluwer Encyclopaedia of Criminal Law, suppl. 6 (May 1995), p.1-116.

Bacigalupo, Silvina, La Responsabilidad Penal de las Personas Jurídicas, Barcelona: 1998.

_____, Autoria y Participación en Delitos de Infracción de Deber, Madrid: Marcial Pons, 2007.

Bar, Carl Ludwig von, Die Lehre von Kausalzusammenhange, Leipzig: Verlag von Bernhard Tauchnitz, 1871.

Beleza, Teresa Pizarro, "Ilicitamente comparticipando – o âmbito de aplicação do artigo 28.º do Código Penal", Boletim da Faculdade de Direito. Volume Especial de Homenagem ao Prof. Doutor Eduardo Correia, III, Coimbra, 1984, p. 589-649.

_____, "A estrutura da autoria nos crimes de violação de dever. Titularidade versus domínio do facto", RPCC 2 (1992), p. 337-351.

Beleza, José Manuel Merêa Pizarro, "Direito penal das sociedades comerciais", in: Direito Penal Económico e Europeu: Textos Doutrinários, Vol. II., Coimbra: Coimbra Editora, 1999, p. 101-124.

Bidino, Cláudio, "Responsabilidade penal da pessoa jurídica no Brasil e teoria da dupla imputação necessária", RPCC 25 (2015), p. 583-606.

Bitencourt, Cezar Roberto, "Reflexões dobre a responsabilidade penal da pessoa jurídica", in: Responsabilidade Penal da Pessoa Jurídica e Medidas Provisórias e Direito Penal (coord. Luiz Flávio Gomes), São Paulo: Editora Revista dos Tribunais, 1999, p. 51-71.

Braithwaite, John, "The new regulatory state and the transformation of criminology", Brit. J. Criminol. (2000) 40, p. 222-238.

Bourjaily, Gordon, "DPA DOA: how and why Congress should bar the use of deferred and non-prosecution agreements in corporate criminal prosecutions", Harvard Journal on Legislation, Vol. 52/2015, p. 543-569.

Brandão, Nuno, "O regime sancionatório das pessoas colectivas na revisão do Código Penal", in: Direito Penal Económico e Europeu: Textos Doutornários, Vol. III., Coimbra: Coimbra Editora, 2009, p. 461-472.

_____, Crimes e Contra-Ordenações: da Cisão à Convergência Material, Coimbra: Coimbra Editora, 2014.

_____, "Bens jurídicos colectivos e intervenção penal cumulativa", RPCC 25 (2015), p. 9-94.

Brandão, Nuno / Jesus, Solange de, "Responsabilidad penal de las personas jurídicas: el caso português", EGUZKILORE n.º 28 (2014), p. 125-144.

Bravo, Jorge Reis, Direito Penal de Entes Colectivos. Ensaio sobre a Punibilidade de Pessoas Colectivas e Entidades Equiparadas, Coimbra: Coimbra Editora, 2008.

Brito, Teresa Quintela de, "Responsabilidade criminal dos entes colectivos. Algumas questões em torno da interpretação do artigo 11.º do Código Penal", RPCC 20 (2010), p. 41-71.

Correia, Eduardo Direito Criminal, Colecção Studium, Coimbra: Arménio Amado Editor, 1953.

_____, Direito Criminal, Vol. II, Coimbra: Livraria Almedina, 1996.

Costa, António Manuel de Almeida, "Sobre o crime de corrupção", Estudos em Homenagem ao Prof. Doutor Eduardo Correia, Vol. I, BFDUC, Coimbra, 1984, p. 55-193.

BIBLIOGRAFIA CITADA

_____, *Ilícito Pessoal, Imputação Objectiva e Comparticipação em Direito Penal*, Coimbra: Livraria Almedina, 2014.

Costa, José de Faria, "Formas do crime", *in: Centro de Estudos Judiciários – Jornadas de Direito Criminal. O Novo Código Penal Português e legislação complementar*, Lisboa: Centro de Estudos Judiciários, 1983, p. 153-184.

_____, "Omissão (reflexões em redor da omissão imprópria", *BFD*, Vol. LXXII (1996), p. 391-402.

_____, "Responsabilidade jurídico-penal da empresa e dos seus órgãos", *DPEE*, vol. I, Coimbra: Coimbra Editora, 1998, p. 501-517.

_____, *O Perigo em Direito Penal*, Coimbra: Coimbra Editora: 2000.

_____, *Direito Penal Económico*, Coimbra: Quarteto, 2003.

_____, "Sobre o objecto de protecção do direito penal: o lugar do bem jurídico na doutrina de um direito penal não iliberal", *RLJ*, Ano 142 (2013), N.º 3978, p. 158-173.

_____, *Direito Penal*, Lisboa: Imprensa Nacional da Casa da Moeda, 2017.

Costa, José de Faria / Sousa, Susana Aires de, "A interpretação do tipo legal de crime à luz do princípio da legalidade: reflexão a propósito dos bens alimentares perigosos para a saúde e vida humanas. Anotação ao Acórdão do TRC de 2 de Maio de 2007", *RLJ*, Ano 144, N. 3990, p. 198-215.

Dias, Augusto Silva, "What if everybody did it?': sobre a '(in)capacidade de ressonância' do Direito Penal à figura da acumulação", *RPCC*, ano 13 (2003), p. 303-345.

_____, «*Delicta in Se*» e «*Delicta Mere Prohibita*» – Uma Análise das Descontinuidades do Ilícito Penal Moderno à Luz da Reconstrução de uma Distinção Clássica, 2008, Coimbra: Coimbra Editora.

_____, *Ramos Emergentes do Direito Penal Relacionados com a Protecção do Futuro*, Coimbra: Coimbra Editora, 2008.

Dias, Jorge de Figueiredo, "Da legitimidade do sócio de uma sociedade por quotas para se constituir assistente em processo por crime contra a sociedade", *RDES*, Ano XIII (1966), nº 1-2, p. 5-37 (sep.) 1966.

_____, "Pressupostos da punição e causas que excluem a ilicitude e a culpa", *Jornadas de Direito Criminal. O Novo Código Penal Português e Legislação Complementar*, CEJ, 1983, p. 39-83.

_____, "Para uma Dogmática do Direito Penal Secundário", *in: Direito Penal Económico e Europeu: Textos Doutrinários*, Vol. I, Coimbra: Coimbra Editora, 1998, p. 35-74.

_____, "Delincuencia organizada. Aspectos penales, procesales y criminológicos", Sep. Universidade de Huelva, 1999, p. 99-107.

_____, "O papel do direito penal na protecção das gerações futuras", *BFD*, Volume Comemorativo do 75.º Tomo do Boletim da Faculdade de Direito, Coimbra, 2003, p. 1123-1138.

_____, "La instigación como autoria – Un *requiem* por la participación como categoria de la dogmática jurídico-penal portuguesa?", *Libro de Homenaje al Prof. Gonzalo Rodríguez Mourullo*, Madrid: Civitas, 2005.

_____, *Direito Penal, Parte Geral*, Tomo I, Coimbra: Coimbra Editora, 2007.

_____, "O 'Direito Penal do Bem Jurídico' como princípio jurídico-constitucional", *in: XXV Anos de Jurisprudência Constitucional Portuguesa*, Coimbra: Coimbra Editora, 2009.

QUESTÕES FUNDAMENTAIS DE DIREITO PENAL DA EMPRESA

Dias Jorge de Figueiredo / Sousa, Susana Aires de, "A autoria mediata do crime de condução ilegal de veículo automóvel", *RLJ 135* (2006), p. 249-260.

Dias Jorge de Figueiredo / Sousa, Susana Aires de, "Manda quem pode, obedece quem deve? Sobre o sentido e os limites da teoria do domínio do facto no contexto empresarial", *Quase noventa anos. Homenagem a Ranulfo de Melo Freire*, São Paulo, Editora Saraiva, 2013, p. 222-239.

Espinosa Ceballos, Elena, *Criminalidad de empresa. La responsabilidad penal en las estruturas*, Valencia: Tirant lo Blanch, 2003.

Estellita, Heloisa, *Responsabilidade penal de dirigentes de empresas por omissão. Estudo sobre a responsabilidade omissiva imprópria de dirigentes de sociedades anónimas, limitadas e encarregados de cumprimento por crimes praticados por membros da empresa*, Madrid, Barcelona, Buenos Aires, São Paulo: Marcial Pons, 2017.

Faraldo Cabana, Patricia, *Responsabilidad Penal del Dirigente en Estructuras Jerarquicas: la Autoría Mediata con Aparatos Organizados de Poder*, Valencia: Tirant lo Blanch, 2003.

Faria, Paula Ribeiro de, *A Adequação Social da Conduta no Direito Penal*, Porto: Publicações Universidade Católica, 2005.

Feinberg, Joel, *Harm to Others. The Moral Limits of the Criminal Law*, New York/Oxford: Oxford University Press, 1984.

Feijoo Sánchez, Bernardo, *Derecho Penal de la Empresa e Imputación Objetiva*, Madrid: Editorial Reus, 2007.

_____, "Autoria e participação em organizações empresarias complexas", *in: Direito Penal Económico e Financeiro* (coord. Maria Fernanda Palma, Augusto Silva Dias e Paulo de Sousa Mendes), Coimbra: Coimbra Editora, p. 123-162.

Ferreira, Manuel Cavaleiro de, *Lições de Direito Penal*, Lisboa: Editorial Verbo, 1992.

Garrett, Brandon *Too Big to Jail*, Harvard University Press, 2014.

Gómez-Aller, Jacopo Dopico, "Posición de garante del *compliance officer* por infracción del "deber de control": una aproximación tópica", *El Derecho Penal Económico en la Era de la Compliance*, Valencia: Tirant lo Blanch, 2013, p. 165-189.

Gómez-Jara Díez, Carlos (ed.) *Modelos de Autorresponsabilidad Penal Empresarial. Propuestas Globales Contemporáneas*, Cizur Menor: Editorial Aranzadi, 2006.

_____, "Responsabilidad penal de los directivos de empresa en virtud de su dominio de la organización? Algunas consideraciones críticas", *Revista Brasileira de Ciências Criminais 68* (2007), p. 141-181.

Greco, Luís / Leite, Alaor / Teixeira, Adriano / Assis, Augusto, *Autoria como Domínio do Fato*, São Paulo: Marcial Pons, 2014.

Hefendehl, Roland, "Debe ocuparse el Derecho Penal de Riesgos Futuros? Bienes Jurídicos Colectivos y Delitos de Peligro Abstracto", *Anales de Derecho*, n.º 19 (2001), p. 147-158.

Heine, Günter, *Die strafrechtlichte Verantwortlichkeit von Unternehmen: von individuellem Fehlverhalten zu kollektiven Fehlentwicklungen, inbesondere bei Grossrisiken*, Baden-Baden: Nomos, 1995.

Hilgendorf, Eric, *Strafrechtliche Produzentenhaftung in der "Risikogesellschaft"*, Berlin: Duncker & Humblot, 1993.

Hoyer, Andreas, "Risco permitido e desenvolvimento tecnológico", *RPCC 20* (2010), p. 347-374.

BIBLIOGRAFIA CITADA

Jakobs, Günther, *Strafrecht. Allgemeiner Teil*, Berlim: Walter de Gruyter, 1983.

_____, *Acción y Omisión en Derecho Penal*, Bogotá: Universidad Externado de Colombia, 2000.

Jescheck / Weigend, *Lehrbuch des Strafrechts*, Berlin: Duncker & Humblot, 1996.

Juanatey Dorado, Carmen, "Responsabilidad penal omissiva del fabricante o productor por los daños a la salud derivados de productos introducidos correctamente en el mercado", *Anuario de Derecho Penal y Ciencias Penales LVII* (2004), p. 53-75.

Júnior, Filipa Marques / Medeiros, João "A elaboração de programas de compliance", *in*: *Estudos sobre Law Enforcement, Compliance e Direito Penal*, Coimbra: Almedina, 2018,

Kuhlen, Lothar, *Fragen einer strafrechtlichen Produkthaftung*, Heidelberg: C. F. Müller Juristischer Verlag, 1989.

Lascuraín Sánchez, Juan Antonio, "Salvar al oficial Ryan (Sobre la responsabilidad penal del oficial de cumplimiento)", *in*: *Responsabilidad de la Empresa y Compliance* (dir. Santiago Mir Puig et. al.), Montevideo / Buenos Aires: Editorial B de F, 2014, p. 301-336.

_____, "La delegación como mecanismo de prevención y de generación de deberes penales", *Manual de Cumplimiento Penal en la Empresa* (coord. Adan Nieto Martín), Valencia: Tirant lo Blanch, 2015.

_____, "Los programas de cumplimiento como programas de prudencia penal", *RPCC* 25 (2015), 95-115.

Laufer, William S. "Corporate Liability, Risk Shifting, and the Paradox of Compliance", *Vanderbilt Law Review*, Vol. 52 (1999), p. 1344-1420.

_____, "Corporate Prosecution, Cooperation, and the Trading of Favors", *Iowa Law Review* 87 (2002), p. 643-667.

_____, "La culpabilidade empresarial y los limites del derecho", *in*: *Modelos de autorresponsabilidad penal empresarial* (ed. Carlos Gómez-Jara Díez), Cizur Menor: Editorial Aranzadi, 2006.

_____, "Corporate Bodies and Guilty Minds", *Emory Law Journal*, Vol. 43, 1994, p. 647-730.

_____, "A very special regulatory milestone", *Univ. Pa. J. Bus. Law*, 391 (2018), Vol. 20.2, p. 391-427 (disponível em SSRN: https://ssrn.com/abstract=3034699).

Leite, André Lamas, *As «posições de garantia» na omissão impura. Em especial, a questão da determinabilidade* penal, Coimbra: Coimbra Editora, 2007.

Lewisch, Peter, "Corporate criminal liability for foreign bribery: perspectives from civil law jurisdictions within the European Union", *Law and Financial Markets Review*, 2018, Vol. 12, n.º 1, p. 31-38.

Magalhães, Tiago Coelho, "Modelos de imputação do facto à pessoa colectiva em direito penal: uma abordagem do pensamento dogmático (e de direito comparado) como tentativa de compreensão do discurso legislativo", *RPCC 25*, p. 145- 212.

Marta, João Santos, *A Responsabilidade Criminal das Pessoas Colectivas e Equiparadas por Cumplicidade no Direito Penal Português. Defesa e Delimitação da sua Administissibilidade*. Coimbra: Instituto Jurídico da Faculdade de Direito da Universidade de Coimbra, 2015.

Martínez Escamilla, Margarita, *La Imputación Objetiva del Resultado*, Madrid: Edersa, 1992.

Mata, Caeiro da, "Subsídios para a reforma do processo criminal português", *BFD*, Ano 1 (1914), n.º 4, p. 1135-148.

Mata Barranco / Jacobo Dopico Gómez-Aller / Juan Antonio Lascuraín Sánchez / Adán Nieto Martin, *Derecho Penal Económico y de la Empresa*, Madrid: Editorial Dykinson, 2018.

Matta, Paulo Saragoça da, *O artigo 12.º do Código Penal e a Responsabilidade dos "Quadros" das "Instituições"*, Coimbra: Coimbra Editora, 2001.

Maurach / Gössel / Zipf, *Derecho Penal*, 2, trad. Jorge Boffill Genzsch, Buenos Aires: Editorial Astrea, 1995.

Meireles, Mário Pedro Seixas, *Pessoas Colectivas e Sanções Criminais*, Coimbra: Coimbra Editora, 2006.

Mendes, Paulo de Sousa, "A responsabilidade de Pessoas Colectivas no âmbito da Criminalidade Informática em Portugal", *in*: Direito da Informação, Vol. IV, Coimbra: Coimbra Editora, 2003 (disponível em http://www.uoc.edu/in3/dt/20078/20078.pdf)

_____, "Artigo 509.º", *Código das Sociedades Comerciais Anotado* (coord. A. Menezes Cordeiro), Almedina, Coimbra, 2011, p. 1333-1343.

_____, "O que não se diz sobre o criminal *compliance*", *in*: *Estudos sobre Law Enforcement, Compliance e Direito Penal*, Coimbra: Livraria Almedina, 2018, p. 11-55.

_____, "Law enforcement & compliance", *in*: *Estudos sobre Law Enforcement, Compliance e Direito Penal*, Coimbra: Almedina, 2018, p. 11-20.

Montaner Fernández, Raquel "El criminal compliance desde la perspectiva de la delegación de funciones", *Estudios Penales y Criminológicos*, Vol. XXXV (2015), p. 733--782.

Monteiro, Henrique Salinas *A Comparticipação em Crimes Especiais no Código Penal*, Lisboa: Universidade Católica Portuguesa, 1999.

Muñoz Conde, Francisco, "Domínio de la voluntad en virtud de aparatos de poder organizados en organizaciones 'no desvinculadas del Derecho'?", *Revista Penal 6* (2000), p. 104-114.

Musgrave, Richard, *Theory of Public Finance*, New York: Mcgraw-Hill Book Company, 1959.

Musgrave, Richard / Musgrave, Peggy, *Public Finance in Theory and Practice.*, Singapore: McGraw-Hill International Editions, 1989

Nieto Martín, Adan, "Problemas fundamentales del cumplimiento normativo en el derecho penal", *in*: *Compliance y Teoria del Derecho Penal* (coord. Lothar Kuhlen *et al.*), Madrid, Barcelona, Buenos Aires, São Paulo: Marcial Pons, 2013, p. 21-50.

_____, *Manual de Cumplimiento Penal en la Empresa*, Valencia: Tirant lo Blanch, 2015.

Oliveira, Ana Paz Ferreira Perestrelo de, "A imputação da responsabilidade individual na criminalidade de empresa: a aplicabilidade da figura da autoria mediata por 'domínio da organização'", *RFDUL*, Vol. 46 (2006), n.º 1, p. 721-773.

Pais, Ana, *O Direito Penal Internacional e a Responsabilidade dos Superiores Hierárquicos*, Coimbra: Coimbra Editora, 2013.

_____, "Os programas de *compliance* e o risco de privatização do processo penal. Em especial, a problemática da "prova emprestada" e o princípio *nemo tenetur se ipsum accusare*", *Estudos em Homenagem ao Prof. Doutor Manuel da Costa Andrade*, Vol. II, Boletim da Faculdade de Direito, Coimbra: Instituto Jurídico, 2017, p. 663-686.

Pereira, Margarida Silva, "Da autonomia do facto de participação", *O Direito 126* (1994), p. 576-650.

BIBLIOGRAFIA CITADA

Puyol, Javier, *El Funcionamento Práctico del Canal de Compliance Whistleblowing*, Valencia: Tirant lo Blanch, 2017.

Ragués i Vallés, Ramon, *Whistleblowing. Una Aproximación desde el Derecho Penal*, Madrid, Barcelona, Buenos Aires, São Paulo: Marcial Pons.

Robles Planas, Ricardo, "El responsable de cumplimiento («compliance officer») ante el derecho penal", *in: Criminalidad de Empresa y Compliance. Prevención y Reacciones Corporativas* (coord. Raquel Montaner Fernández), Barcelona: Atelier, 2013, p. 319- -331.

Rodrigues, Anabela Miranda, "Contributo para a fundamentação de um discurso punitivo em matéria penal fiscal", *in: Direito Penal Económico e Europeu: Textos Doutrinários*, Vol. II, Coimbra: Coimbra Editora,1999, p. 481-489.

_____, "Artigo 279.º", *Comentário Conimbricense do Código Penal*, Tomo II, Coimbra: Coimbra Editora, 1999, p. 944-978.

_____, "Compliance programs and corporate criminal compliance", *PoLaR* , Jan/2018, n.º 1-14.

Roxin, Claus, "Straftaten im Rahmen organisatorischer Machtapparate", *Goltdammer's Archiv für Strafrecht* (1963), p. 193-207.

_____, "El dominio de organización como forma independiente de autoría mediata", *Revista Penal 18* (2006), p. 242-248;

_____, "Organisationsherrschaft und Tatentschlossenheit", *in: Festschrift für Friedrich- -Christian Schroeder zum 70. Geburtstag*, Heidelberg: CF Müller Verlag, 2006.

_____, "Probleme von Täterschaft und Teilnahme bei der organisierten Kriminalität", *in: Festschrift für Gerald Grünwald*, Baden-Baden: Nomos Verlagsgesellschaft, 1999, p. 549-562.

_____, *Autoría y Dominio del Hecho en Derecho Penal*, trad. Joaquín Cuello Contreras e José Luis Serrano González de Murillo, Madrid: Marcial Pons, 2000.

_____, *Strafrecht II*, München: Verlag C. H. Beck, 2003.

_____, *Täterschaft und Tatherrschaft*, Berlin, Boston: De Gruyter, 9.ª ed., 2015.

Santos, Cláudia Cruz, *O Crime de Colarinho Branco (da origem do conceito e sua relevância criminológica à questão da desigualdade na administração da justiça penal)*, Stvdia Ivridica 56, Coimbra: Coimbra Editora, 2001.

Schünemann, Bernd, *Grund und Grenzen der unrechten Unterlassungsdelikte*, Göttingen: Verlag Otto Schwartz, 1971.

_____, *Unternehmenskriminalität und Strafrecht*, Köln, Berlin, Bonn, München: Carl Heymanns Verlag, 1979.

_____, "Cuestiones básicas de dogmática jurídico-penal y de política criminal acerca de la criminalidade de empresa", *ADPCP 1988*, Fascículo 2, p. 529-558.

_____, "Responsabilidad penal en el marco de la empresa. Dificultades relativas a la individualización de la imputación", *Anuario de Derecho Penal y Ciencias Penales*, Vol. LV (2002), p. 9-38.

_____, *Delincuencia Empresarial: Cuestiones Dogmáticas y de Política Criminal*, Buenos Aires: Fabian J. Di Plácido, 2004.

Serra, Teresa, "A autoria mediata através do domínio de um aparelho organizado de poder", *RPCC 5* (1995), p. 303-328.

QUESTÕES FUNDAMENTAIS DE DIREITO PENAL DA EMPRESA

_____, "Actuação em nome de outrem no âmbito empresarial, em especial no exercício de funções parciais", Liber Discipulorum *para Jorge de Figueiredo Dias,* Coimbra: Coimbra Editora, 2003, p. 597-613.

Serra, Teresa / Fernández Sánchez, Pedro, "A exclusão de responsabilidade criminal das entidades públicas – da inconstitucionalidade dos nos 2 e 3 do artigo 11.º do Código Penal, *Estudos em Homenagem ao Prof. Doutor Sérvulo Correia,* Vol. IV, Coimbra: Coimbra Editora, 2010, p. 65-111.

Shecaira, Sérgio Salomão, *Responsabilidade Penal da Pessoa Jurídica,* Rio de Janeiro: Elsevier Editora, 2011.

Sieber, Ulrich / Engelhart, Marc, *Compliance Programs for the Prevention of Economic Crimes. An Empirical Survey of German Companies,* Max-Planck-Institut für ausländisches un internationals Strafrecht, Berlin, Dunker & Humblot, 2014.

Simone, Giulio di, *Persone Giuridiche e Responsabilità da Reato. Profili storici, dogmatici e comparatistici,* Firenze, Edizione ETS, 2012.

Silva, Germano Marques da, "Disposições penais do Código das Sociedades Comerciais – Considerações Gerais", *Textos – Sociedades Comerciais,* Centro de Estudos Judiciários / Conselho Distrital do Porto da Ordem dos Advogados, Lisboa, 1994/95, p. 39-49.

_____, *Direito Penal Português,* Vol. I, Lisboa / São Paulo: Editorial Verbo, 1997.

_____, "Responsabilidade penal das pessoas colectivas", Alterações ao Código Penal introduzidas pela Lei n.º 59/2007, de 4 de Setembro", *Jornadas sobre o Código Penal,* Revista do CEJ, n.º 8 (2008), p. 69-97.

_____, *Responsabilidade Penal das Sociedades e dos seus Administradores e Representantes,* Lisboa: Verbo, 2009, p. 174 e s., com referências adicionais.

Silva Sánchez, Jesus-Maria, "Responsabilidad penal de las empresas y de sus órganos en derecho español", *in: Fundamentos de un Sistema Europeo del Derecho Penal,* Barcelona: Bosch Editor, 1995.

_____, Jesus-María, *Fundamentos del Derecho Penal de la* Empresa, Montevideo-Buenos Aires: IBdeF, 2016.

Sousa, João Castro e, *As Pessoas Colectivas em face do Direito Criminal e do chamado «Direito de Mera Ordenação Social»,* Coimbra: Coimbra Editora, 1985.

Sousa, Jorge Lopes de / Santos, Manuel Simas, *Regime Geral da Infracções Tributárias,* Lisboa: Áreas Editora, 2010.

Sousa, Susana Aires de, "A autoria nos crimes específicos: algumas considerações sobre o artigo 28.º do Código Penal", *Revista Portuguesa de Ciência Criminal,* ano 15 (2005), n.º 3, p. 343-368.

_____, *Os Crimes Fiscais: Análise Dogmática e Reflexão sobre a Legitimidade do Discurso Criminalizador,* Coimbra: Coimbra Editora, 2006 (reimp. 2009).

_____, "Medicamentos e responsabilidade criminal. Problemas jurídico-criminais suscitados a partir de uma análise casuística", *Lex Medicinae 9* (2008), n.º 5, p. 81-94.

_____, Direito penal das sociedades comerciais: qual o bem jurídico?", *in: Direito Penal Económico e Europeu:* Textos Doutrinários, Vol. III., Coimbra: Coimbra Editora, 2009, p. 435-459.

_____, "Sociedade do risco: *requiem* pelo bem jurídico?", *Revista Brasileira de Ciências Criminais* 86 (2010), p. 231-246

BIBLIOGRAFIA CITADA

_____, "A responsabilidade criminal do dirigente: algumas considerações acerca da autoria e comparticipação no contexto empresarial", *in: Estudos em Homenagem ao Prof. Doutor Jorge de Figueiredo Dias, Boletim da Faculdade de Direito, Stvdia Ivridica 98*, Vol. II, 2009/2010, Coimbra, p. 1005-1037.

_____, *"Societas publicas (non) delinquere potest*: reflexões sobre a irresponsabilidade dos entes públicos no ordenamento jurídico português", *Actas do XV Encuentro AECA "Nuevos caminos para Europa: El papel de las empresas y los gobiernos*, 20-21 de Setembro de 2012, Obra digital – ISBN: 978-84-15467-51-9, disponível em https://apps.uc.pt/mypage/files/susanaas/675;

_____, *A Responsabilidade Criminal pelo Produto e o Topos Causal em Direito Penal. Contributo para uma Protecção dos Interesses do Consumidor*, Coimbra: Coimbra Editora, 2014.

_____, "Artigo 509.º", *Código das Sociedades Comerciais em Comentário* (coord. Jorge M. Coutinho de Abreu), Vol. VII, 2014, p. 415-423.

_____, "Nótulas sobre as disposições penais do Código das Sociedades Comerciais", *DSR*, ano 5, vol. 9 (2013), p. 115-134.

_____, "Comentários a propósito do crime de Corrupção de substâncias alimentares ou medicinais: uma apreciação crítica", *Revista do Centro de Estudos Judiciários*, 2014-II (ano ed. 2015), p. 55-81.

_____, " 'Contratado' para matar: o início da tentativa em situações de aliciamento (comentário ao acórdão do Tribunal da Relação do Porto de 10 de fevereiro de 2016)", *RPCC Jan-Fev 2017*, Ano 27, n.º 1, p. 181-220.

_____, *"Compliance* e Responsabilidade Penal das Pessoas Jurídicas", *in: Corrupção, Ética e Cidadania*, (org. Marco Antônio Marques da Silva), São Paulo: Quartier Latin, 2018 (em curso de publicação).

Souza, Artur Gueiros de "Programas de *compliance* e atribuição de responsabilidade individual nos crimes empresariais", *RPCC 25* (2015), p. 117-150.

Stratenwerth, Günter, *Strafrecht*, I, Köln: Carl Heymanns Verlag, 2000.

Tebano, Chiara, "L'ente quale centro di imputazione di responsabilità nel processo penale ai sensi del d. lgs.231/2001, *RCVS* (2015), Vol. IX, n.º 3 (Settembre-Dicembre), p. 19-26.

Terradillos Basoco, Juan, *Derecho Penal de la Empresa*, Madrid: Editorial Trotta, 1995.

Tiedemann, Klaus, *Lecciones de Derecho Penal Económico (Comunitario, español alemán)*, Barcelona: PPU, 1993.

_____, "Responsabilidad penal de personas jurídicas y empresas en el derecho comparado", *in: Responsabilidade Penal da Pessoa Jurídica e Medidas Provisórias e Direito Penal* (coord. Luiz Flávio Gomes), São Paulo: Editora Revista dos Tribunais, 1999, p. 28--45.

_____, *Wirtschaftsstrafrecht*, Munique: Carl Heymanns Verlag, 2007.

Torrão, Fernando, *Societas Delinquere Potest? Da responsabilidade Individual e Colectiva nos "Crimes de Empresa"*, Coimbra: Livraria Almedina, 2010.

Urbina Gimeno, Iñigo Ortiz, "Responsabilidad penal de las personas jurídicas: the american way", *Responsabilidad de la Empresa y Compliance* (org. Santiago Mir Puig et. al.), Madrid, Buenos Aires: IBdeF, 2014, p. 35-88.

Valdágua, Maria da Conceição, "Autoria mediata em virtude do domínio da organização ou autoria mediata em virtude da subordinação voluntária do executor à decisão do

QUESTÕES FUNDAMENTAIS DE DIREITO PENAL DA EMPRESA

agente mediato", *in*: Liber Discipulorum *para Jorge de Figueiredo Dias*, Coimbra: Coimbra Editora, 2003, p. 651-672.

_____, "Figura central, aliciamento e autoria mediata", *Estudos em Homenagem a Cunha Rodrigues*, Vol. I, Coimbra: Coimbra Editora, 2001, p. 923-938.

Viana, João Matos,"A (in)constitucionalidade da responsabilidade subsidiária dos administradores e gerentes pelas coisas aplicadas à sociedade", *Revista de Finanças Públicas e Direito Fiscal*, Ano 2, N.º 2 (2009), p. 199-210.

Weißer, Bettina, *Kausalitäts- und Täterschaftsprobleme bei der strafrechtlichen Würdigung pflichtwidriger Kollegialentscheidungen*, Berlin: Dunker & Humblot, 1996.

Wray, Christopher A., "Corporate Probation Under the New Organizational Sentencing Guidelines", *Yale Law Journal*, Vol. 101 (1992), p. 2017-2042.